인생이 두 배 즐거워지는
자유 여행 영어

인생이 두 배 즐거워지는
자유 여행영어

지은이 배진영
펴낸이 정규도
펴낸곳 (주)다락원

초판 1쇄 발행 2025년 7월 15일

편집 유나래, 허윤영
디자인 최예원, 이승현
영문 감수 Michael. A. Putlack
이미지 shutterstock

다락원 경기도 파주시 문발로 211
내용문의: (02)736-2031 내선 523
구입문의: (02)736-2031 내선 250~252
Fax: (02)732-2037
출판등록 1977년 9월 16일 제406-2008-000007호

Copyright © 2025, 배진영

저자 및 출판사의 허락 없이 이 책의 일부 또는 전부를 무단 복제·전재·발췌할 수 없습니다. 구입 후 철회는 회사 내규에 부합하는 경우에 가능하므로 구입처에 문의하시기 바랍니다. 분실·파손 등에 따른 소비자 피해에 대해서는 공정거래위원회에서 고시한 소비자 분쟁 해결 기준에 따라 보상 가능합니다. 잘못된 책은 바꿔 드립니다.

ISBN 978-89-277-0211-5 13740

http://www.darakwon.co.kr
다락원 홈페이지를 방문하시면 상세한 출판정보와 함께 동영상 강좌, MP3자료 등 다양한 어학 정보를 얻으실 수 있습니다.

인생이 두 배 즐거워지는

자유 여행 영어

배진영 지음

DARAKWON

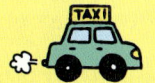

들어가는 글

Excuse me. I missed my flight...
실례합니다. 제가 비행기를 놓쳤는데요...

최근 가족 여행에서 항공사 카운터 앞에 선 제가 실제로 한 말입니다. '설마 내가 이런 말을 하게 될 줄이야!' 정말 식은땀이 흐르던 상황이었습니다. 심지어 몇 년 전에는 "I lost my passport."라고 여권을 잃어버렸다는 말을 꺼낸 적도 있습니다. 심지어 다음 날 귀국 비행기를 타야 하는데 말이죠. 그 순간의 아찔함은 지금도 생생히 기억합니다.

해외여행에서는 '설마 이런 일이 나에게?' 싶던 상황들이 예고 없이 찾아옵니다. 말도 잘 통하지 않는 낯선 환경에서 여행하다 보면, 아무리 완벽하게 계획을 세워도 예상치 못한 상황이 찾아오기 마련이죠. 그럴 때마다 필요한 영어가 바로 입 밖으로 나오지 않으면 내 영어 실력에 답답함과 아쉬움이 밀려오게 됩니다. 번역 앱이나 AI 프로그램이 아무리 발달한다고 해도, 정작 필요한 순간에 내가 하고 싶은 말을 하지 못하면 불편함을 느낄 수밖에 없습니다.

여행은 우리 인생을 더욱 즐겁고 풍요롭게 만들어 주는 소중한 경험입니다. 미리 여행 영어를 준비해 둔다면 여행의 모든 순간들을 더욱 자신감 있게, 그리고 자유롭게 누릴 수 있습니다. 이 책에는 공항, 숙소, 식당, 쇼핑 등 해외여행의 모든 장면에서 반드시 알아야 할 핵심 표현들과 긴박한 상황에서 실질적인 도움을 받을 수 있는 표현들을 담았습니다. 이 책으로 든든하게 준비해서 여러분의 해외 여행이 더욱 멋진 경험이 되기를 진심으로 바랍니다.

배진영

이런 분들에게 추천합니다

💬 **여행을 앞두고 시간이 없는데, 영어 때문에 자꾸 마음이 불안해요.**
✅ 걱정하지 마세요. 단어만 알아도 기본적인 의사소통은 충분히 가능합니다. 이 책에는 여행 중 자주 마주치는 상황별 필수 표현을 정리해 두었기 때문에, 급할 때 바로 꺼내어 사용할 수 있습니다.

💬 **영어 발음을 잘 몰라서 말할 때 자꾸 더듬게 돼요.**
✅ 이 책에 실린 모든 영어 문장에는 한국어 발음을 함께 표기해, 영어 읽기를 어려워하는 분들도 쉽게 영어를 말할 수 있습니다. 스마트폰으로 QR코드를 찍으면 실제 원어민 발음도 MP3로 바로 들을 수 있어 편리합니다.

💬 **영어 단어는 알겠는데 막상 문장을 말하려고 하면 입이 안 떨어져요.**
✅ 문장을 말하는 것이 어렵다면 패턴 학습이 제격입니다. 이 책에는 여행에서 많이 쓰는 90개의 핵심 패턴이 담겨 있어, 패턴에 단어만 바꿔 끼우면 손쉽게 다양한 문장을 만들 수 있습니다.

💬 **영어 문장을 달달 외웠는데, 막상 언제 어디서 써야 하는지 모르겠어요.**
✅ 단순히 문장만 외워서는 실전에서 활용하기가 쉽지 않습니다. 실제 상황 속에서 문장이 어떻게 쓰이는지 아는 것이 중요합니다. 이 책에서는 여행지에서 자주 마주치는 상황을 90개의 생생한 대화문으로 구성해, 자연스럽게 영어 문장의 쓰임을 익힐 수 있습니다.

💬 **여행하면서 갑자기 문제가 생겼을 때, 영어로 뭐라고 말해야 할지 걱정돼요.**
✅ 몸이 아플 때, 여권을 잃어버렸을 때, 비행기를 놓쳤을 때 등 예상치 못한 긴급 상황에서도 당황하지 않도록 이 책이 도와드립니다. 비상 상황에서 쓰는 필수 표현도 빠짐없이 실려 있으니 안심하고 여행하세요.

구성과 활용 방법

Step 1 필수 표현 익히기

여행에서 꼭 필요한 상황별 필수 표현을 먼저 익힙니다. 급할 때는 단어만 알고 있어도 간단한 의사소통이 가능하니 여행 가기 전에 꼭 외워 두세요.

Step 2 필수 표현 활용하기

앞서 배운 표현을 활용한 영어 문장을 익힙니다. 여행 상황에서 많이 사용하는 문장을 엄선했으며, 내가 말하는 문장과 다른 사람에게 듣게 되는 문장을 구분해서 실었습니다.

Step 3 대화 연습하기

실제 여행 상황이 그대로 녹아 있는 생생한 대화문을 통해 해외여행을 미리 체험해 봅니다. 앞에서 배운 표현과 문장을 활용한 대화문입니다. 실제 상황이라고 생각하고 연습해 보세요.

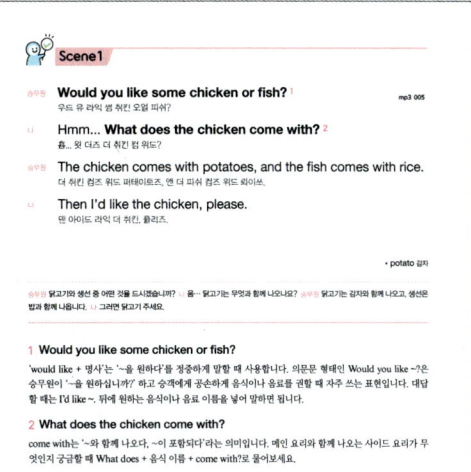

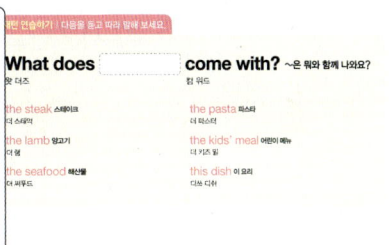

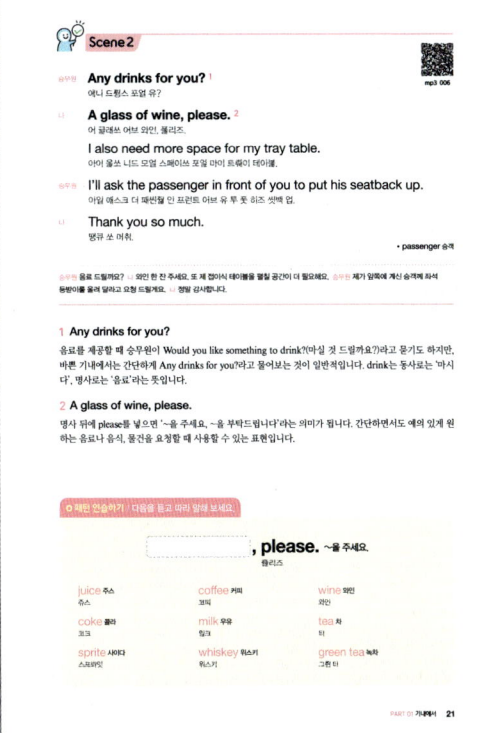

Step 4 패턴 연습하기

대화문에 나온 핵심 패턴을 하나 골라 집중적으로 학습합니다. 빈칸에 다양한 표현을 넣어 문장을 말해 보고, 여행할 때 필요한 패턴을 익힐 수 있습니다.

목차

PART 01
기내에서

01 기내 탑승하기	14
02 기내식 주문하기	18
03 기내 서비스 요청하기	22
04 입국서류 작성하기	26
05 면세품 구매하기	30

PART 02
공항에서

06 탑승 수속하기	36
07 보안 검색대 통과하기	40
08 환승하기	44
09 입국 심사하기	48
10 수하물 찾기	52
11 세관 신고하기	56

PART 03
숙소에서

12 숙소 체크인하기	62
13 원하는 객실 배정받기	66
14 시설과 서비스 이용하기	70
15 객실 문제 해결하기	74
16 숙소 체크아웃하기	78

PART 04
쇼핑할 때

17 가게 둘러보기	84
18 제품 문의하기	88
19 가격 알아보기	92
20 계산하기	96
21 교환 및 환불하기	100

PART 05
식당에서

22	식당 예약하기	106
23	식당 입장하기	110
24	음식 주문하기	114
25	패스트푸드 및 커피 주문하기	118
26	필요한 서비스 요청하기	122
27	음식값 계산하기	126

PART 06
교통수단에서

28	교통수단 알아보기	132
29	지하철 이용하기	136
30	버스 이용하기	140
31	택시 이용하기	144
32	렌터카 이용하기	148

PART 07
관광할 때

33	티켓 구매하기	154
34	티켓 변경 및 취소하기	158
35	투어 예약하기	162
36	이용 시간 확인하기	166
37	박물관 및 미술관 관람하기	170
38	공연 관람하기	174
39	사진 촬영하기	178
40	길 찾기	182

PART 08
문제가 생겼을 때

41	물건 분실 및 도난 시	188
42	다쳤을 때	192
43	약국 및 병원을 이용할 때	196
44	예약 시간에 늦었을 때	200
45	비행기를 못 탔을 때	204

나만의 여행 플래너

📍 여행 장소 _____   📅 여행 날짜 _____

Flight Info 항공편 정보

출국	편명		귀국	편명	
	시간			시간	

Accommodation 숙소

숙소명		연락처	
주소			

Packing List 준비물
- ☐
- ☐
- ☐
- ☐
- ☐
- ☐

Things to Buy 사고 싶은 것
- ☐
- ☐
- ☐
- ☐
- ☐
- ☐

Things to Do 하고 싶은 일
- ☐
- ☐
- ☐
- ☐
- ☐
- ☐

Things to Eat 먹고 싶은 것
- ☐
- ☐
- ☐
- ☐
- ☐
- ☐

PART 01 기내에서

드디어 손꼽아 기다리던 여행 출발! 비행기 탑승과 함께 본격적인 해외여행이 시작되었습니다. 목적지까지 편안한 여정이 되도록 기내에서 유용한 표현들을 알아봅시다.

- 01 기내 탑승하기
- 02 기내식 주문하기
- 03 기내 서비스 요청하기
- 04 입국 서류 작성하기
- 05 면세품 구매하기

기내에서 흔히 볼 수 있는 영어

출구

금연

앉아 계시는 동안에는
좌석 벨트를 착용하세요.

구명조끼는 좌석
아래에 있습니다.

전자 기기를 꺼 주세요.

이코노미석 / 비즈니스석

화장실
사용 중

화장실
비어 있는

01 기내 탑승하기

비행기에 탑승하면 승무원이 탑승권을 확인한 후 좌석 위치를 안내해 줍니다. 자리로 이동해서 기내용 짐은 머리 위쪽 짐칸이나 앞 좌석 아래에 보관하세요. 자리에 앉아 좌석 벨트를 매면 탑승 완료입니다.

mp3 001

필수 표현 익히기

seat
씻
좌석, 자리

window seat
윈도우 씻
창가 좌석

aisle seat
아일 씻
통로 좌석

seat number
씻 넘벌
좌석 번호

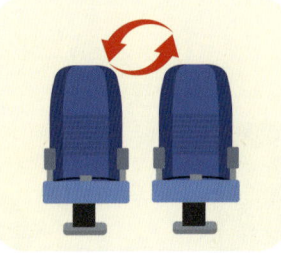
switch seats
스위취 씻츠
자리를 바꾸다

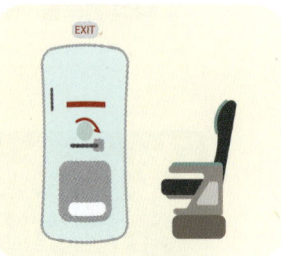
emergency exit seat
이멀줜씨 엑짓 씻
비상구 좌석

overhead bin
오벌헤드 빈
(기내의) 머리 위쪽 짐칸

boarding pass
볼딩 패쓰
탑승권

fasten *one's* seatbelt
패쓴 원즈 씻벨트
좌석 벨트를 매다

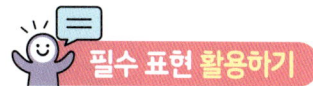

필수 표현 활용하기

제 자리에 앉아 계신 것 같은데요.

I think you are in my seat.
아이 띵크 유 알 인 마이 씻

이거 창가 좌석인가요, 아니면 통로 좌석인가요?

Is this a window seat or an aisle seat?
이즈 디쓰 어 윈도우 씻 오얼 언 아일 씻

제 좌석 번호는 17C입니다.

My seat number is 17C.
마이 씻 넘벌 이즈 쎄븐틴 씨

> Tip 기내좌석 번호는 몇 번째 줄인지 나타내는 숫자(1, 2, 3...)와 알파벳 (A, B, C...)의 조합으로 이루어져 있습니다.

저랑 자리를 바꿔 주실 수 있을까요?

Would you mind switching seats with me?
우드 유 마인드 스위칭 씻츠 위드 미

• Would you mind 동사ing?
  ~해도 괜찮겠습니까?

비상구 좌석으로 옮겨도 될까요?

Can I move to an emergency exit seat?
캔 아이 무브 투 언 이멀젼씨 엑짓 씻

여기 머리 위쪽 짐칸이 꽉 찼어요.

The overhead bin is full here.
디 오벌헤드 빈 이즈 풀 히얼

• overhead 머리 위의
• bin 통

제가 탑승권을 봐도 될까요?

May I see your boarding pass?
메이 아이 씨 유얼 볼딩 패쓰

좌석 번호가 어떻게 되세요?

What's your seat number?
왓츠 유얼 씻 넘벌

좌석 벨트를 매 주세요.

Please fasten your seatbelt.
플리즈 패쓴 유얼 씻벨트

• fasten 매다, 고정하다

Scene 1

mp3 002

승무원 **May I see your boarding pass?** [1]
메이 아이 씨 유얼 보딩 패쓰?

나 **Here you are.** [2]
히얼 유 알.

승무원 **Walk down the aisle, please.**
워크 다운 디 아일, 플리즈.

나 **Is this a window seat or an aisle seat?**
이즈 디쓰 어 윈도우 씻 오얼 언 아일 씻?

승무원 **It's a window seat.**
잇츠 어 윈도우 씻.

승무원 제가 탑승권을 봐도 될까요? 나 여기요. 승무원 통로를 따라 쭉 가 주세요. 나 이거 창가 좌석인가요, 아니면 통로 좌석인가요? 승무원 창가 좌석입니다.

---

1 May I see your boarding pass?

May I + 동사?는 '제가 ~해도 될까요?'라는 뜻으로, 상대방에게 정중하게 요청하거나 허락을 구할 때 사용하는 표현입니다. see는 기본적으로 '보다'라는 뜻인데 무언가를 가볍게 '확인하다'라는 의미로도 사용됩니다. May I see ~? 뒤에 명사를 넣어서 '제가 ~을 봐도/확인해도 될까요?' 하고 허락이나 동의를 구할 수 있습니다.

2 Here you are.

상대방에게 어떤 물건을 건네면서 '여기요'라는 의미로 사용하는 표현입니다. 대신 Here you go.라고 말해도 좋습니다.

❂ 패턴 연습하기 | 다음을 듣고 따라 말해 보세요.

May I see _____? ~을 봐도 될까요?
메이 아이 씨

your ticket 당신의 티켓
유얼 티킷

the drink list 음료 목록
더 드링크 리스트

your seat number 당신의 좌석 번호
유얼 씻 넘벌

the menu 메뉴
더 메뉴

your luggage tag 당신의 수하물 표
유얼 러기쥐 택

the duty-free catalog 면세품 카탈로그
더 듀티 프리 캐탤로그

Scene 2

mp3 003

나 Excuse me. The overhead bin is full here.
익쓰큐즈 미. 디 오벌헤드 빈 이즈 풀 히얼.

승무원 I'll find a place for your bag. What's your seat number?
아일 파인드 어 플레이쓰 포얼 유얼 백. 왓츠 유얼 씻 넘벌?

나 It's 17C.
잇츠 쎄븐틴 씨.

By the way, **can I change my seat to an emergency exit seat?** [1]
바이 더 웨이, 캔 아이 췌인쥐 마이 씻 투 언 이멀줜씨 엑짓 씻?

승무원 I'm sorry, but **it's already taken.** [2]
아임 쏘뤼, 벗 잇츠 올뤠디 테이큰.

• place 자리, 곳   by the way 그런데 (화제를 바꿀 때 사용)

나 실례합니다. 여기 머리 위쪽 짐칸이 꽉 찼어요. **승무원** 제가 가방을 놓을 자리를 찾아보겠습니다. 좌석 번호가 어떻게 되시죠?
나 17C입니다. 그런데 제 자리를 비상구 좌석으로 바꿀 수 있을까요? **승무원** 죄송하지만 그 자리는 이미 찼습니다.

---

1 Can I change my seat to an emergency exit seat?

무언가를 바꿀 수 있는지 물어볼 때는 Can I change my ~? 뒤에 바꾸고 싶은 대상을 넣어 말해 보세요. 구체적으로 무엇으로 바꾸고 싶은지 말할 때는 change A to B(A를 B로 바꾸다)를 사용하면 됩니다. 참고로 emergency exit seat은 비상구 쪽에 있는 자리인데 일반석보다 여유 공간이 많아 인기가 높습니다.

2 It's already taken.

어떤 좌석을 두고 이렇게 말하면 '이미 자리 주인이 있다'라는 뜻으로, 좌석 사용이 불가하다는 의미입니다. taken은 take의 과거분사형으로, '좌석이 차 있다'를 수동태로 be taken이라고 합니다. 참고로 He is already taken.은 '그는 이미 임자가 있어요'라는 뜻으로, 결혼한 상태이거나 연인이 있다는 의미입니다.

🟠 **패턴 연습하기** | 다음을 듣고 따라 말해 보세요.

Can I change my _____? 제 ~을 바꿀 수 있을까요?
캔 아이 췌인쥐 마이

drink 음료 드륑크	magazine 잡지 매거진	headphones 헤드폰 헤드폰즈
meal 식사 밀	newspaper 신문 누즈페이펄	blanket 담요 블랭킷
order 주문 올덜	slippers 슬리퍼 슬리펄즈	flight 항공편 플라잇

02 기내식 주문하기

기내식은 비행의 꽃이라고 할 수 있습니다. 외국 항공사를 이용한다면 승무원이 메뉴 설명부터 주문까지 모든 서비스를 영어로 제공하므로, 맛있는 기내식을 즐기기 위해서는 음식과 관련된 기본 표현을 잘 익혀 두어야 합니다.

mp3 004

chicken
취킨
닭고기

beef
비프
소고기

water
워럴
물

a glass of
어 글래쓰 어브
한 잔의

rice
롸이쓰
밥

tray table
트뤠이 테이블
접이식 테이블

fish
피쉬
생선

drink
드륑크
음료, 마시다

**put *one's*
seatback up**
풋 원즈 씻백 업
좌석 등받이를 위로 올리다

필수 표현 활용하기

닭고기 주세요.
I'd like chicken, please.
아이드 라익 취킨 플리즈

• I'd like ~. ~을 원해요.

소고기는 무엇과 함께 나오나요?
What does the beef come with?
왓 더즈 더 비프 컴 위드

• come with ~와 함께 나오다

물 좀 주시겠어요?
Can I have some water, please?
캔 아이 해브 썸 워럴 플리즈

와인 한 잔 주세요.
A glass of wine, please.
어 글래쓰 어브 와인 플리즈

Tip 주로 a glass of는 시원한 음료, a cup of는 따뜻한 음료와 함께 사용됩니다.

밥 좀 더 주시겠어요?
Can I get more rice?
캔 아이 겟 모얼 라이쓰

제 접이식 테이블을 펼칠 공간이 더 필요해요.
I need more space for my tray table.
아이 니드 모얼 스페이쓰 포얼 마이 트뤠이 테이블

닭고기와 생선 중 어떤 것을 드시겠습니까?
Would you like some chicken or fish?
우드 유 라익 썸 취킨 오얼 피쉬

• Would you like ~?
~을 원하세요?

음료 드릴까요?
Any drinks for you?
에니 드륑스 포얼 유

좌석 등받이를 위로 올려 주시겠어요?
Can you put your seatback up?
캔 유 풋 유얼 씻백 업

Scene1

mp3 005

승무원 **Would you like some chicken or fish?** [1]
우드 유 라익 썸 취킨 오얼 피쉬?

나 Hmm... **What does the chicken come with?** [2]
흠... 왓 더즈 더 취킨 컴 위드?

승무원 **The chicken comes with potatoes, and the fish comes with rice.**
더 취킨 컴즈 위드 퍼테이토즈, 앤 더 피쉬 컴즈 위드 라이쓰.

나 **Then I'd like the chicken, please.**
덴 아이드 라익 더 취킨, 플리즈.

• potato 감자

승무원 닭고기와 생선 중 어떤 것을 드시겠습니까? **나** 음... 닭고기는 무엇과 함께 나오나요? **승무원** 닭고기는 감자와 함께 나오고, 생선은 밥과 함께 나옵니다. **나** 그러면 닭고기 주세요.

1 Would you like some chicken or fish?

'would like + 명사'는 '~을 원하다'를 정중하게 말할 때 사용합니다. 의문문 형태인 Would you like ~?은 승무원이 '~을 원하십니까?' 하고 승객에게 공손하게 음식이나 음료를 권할 때 자주 쓰는 표현입니다. 대답할 때는 I'd like ~. 뒤에 원하는 음식이나 음료 이름을 넣어 말하면 됩니다.

2 What does the chicken come with?

come with는 '~와 함께 나오다, ~이 포함되다'라는 의미입니다. 메인 요리와 함께 나오는 사이드 요리가 무엇인지 궁금할 때 What does + 음식 이름 + come with?로 물어보세요.

❂ 패턴 연습하기 | 다음을 듣고 따라 말해 보세요.

What does ⬚ **come with?** ~은 뭐와 함께 나와요?
왓 더즈   컴 위드

the steak 스테이크
더 스테익

the pasta 파스타
더 파스터

the lamb 양고기
더 램

the kids' meal 어린이 메뉴
더 키즈 밀

the seafood 해산물
더 씨푸드

this dish 이 요리
디쓰 디쉬

Scene 2

mp3 006

승무원 **Any drinks for you?** [1]
에니 드링스 포얼 유?

나 **A glass of wine, please.** [2]
어 글래쓰 어브 와인, 플리즈.

I also need more space for my tray table.
아이 올쏘 니드 모얼 스페이쓰 포얼 마이 트뤠이 테이블.

승무원 **I'll ask the passenger in front of you to put his seatback up.**
아일 애스크 더 패씬절 인 프런트 어브 유 투 풋 히즈 씻백 업.

나 **Thank you so much.**
땡큐 쏘 머취.

• passenger 승객

승무원 음료 드릴까요? 나 와인 한 잔 주세요. 또 제 접이식 테이블을 펼칠 공간이 더 필요해요. 승무원 제가 앞쪽에 계신 승객께 좌석 등받이를 올려 달라고 요청 드릴게요. 나 정말 감사합니다.

---

1 Any drinks for you?

음료를 제공할 때 승무원이 Would you like something to drink?(마실 것 드릴까요?)라고 묻기도 하지만, 바쁜 기내에서는 간단하게 Any drinks for you?라고 물어보는 것이 일반적입니다. drink는 동사로는 '마시다', 명사로는 '음료'라는 뜻입니다.

2 A glass of wine, please.

명사 뒤에 please를 넣으면 '~을 주세요, ~을 부탁드립니다'라는 의미가 됩니다. 간단하면서도 예의 있게 원하는 음료나 음식, 물건을 요청할 때 사용할 수 있는 표현입니다.

🔴 **패턴 연습하기** | 다음을 듣고 따라 말해 보세요.

_____, please. ~을 주세요.
플리즈

juice 주스 쥬스	coffee 커피 코피	wine 와인 와인
coke 콜라 코크	milk 우유 밀크	tea 차 티
sprite 사이다 스프라잇	whiskey 위스키 위스키	green tea 녹차 그린 티

03 기내 서비스 요청하기

mp3 007

기내에서 휴지, 담요 등 필요한 것이 있거나, 스크린이나 이어폰 같은 물건이 제대로 작동하지 않을 때는 승무원에게 도움을 요청할 수 있습니다. 불편함 없는 여행이 될 수 있도록 승무원을 불러 원하는 바를 전달한 후 문제를 해결하세요.

필수 표현 익히기

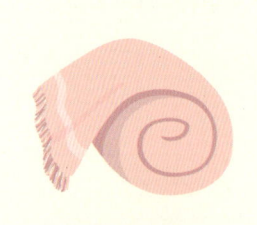

blanket
블랭킷
담요

snack
스낵
간식

toothbrush
투뜨브뤄쉬
칫솔

tissue
티슈
휴지, 화장지

screen
스크린
화면, 스크린

don't/doesn't work
돈트/더즌트 월크
작동하지 않는다

earphones
이얼폰즈
이어폰

pillow
필로
베개

amenity kit
어메너티 킷
(칫솔, 로션 등의) 편의 용품 세트

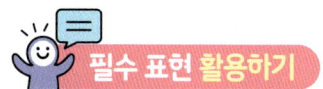
필수 표현 활용하기

담요를 주실 수 있을까요?
Can I have a blanket?
캔 아이 해브 어 블랭킷

- Can I have/get ~?
~을 받을 수 있을까요?
(= ~을 주실 수 있을까요?)

간식 하나 더 받을 수 있을까요?
Can I get one more snack?
캔 아이 겟 원 모얼 스낵

칫솔 하나 더 있나요?
Do you have one more toothbrush?
두 유 해브 원 모얼 투뜨브뤄쉬

휴지 좀 가져다 주시겠어요?
Could you bring me some tissue?
쿠드 유 브륑 미 썸 티슈

Tip 화장실에서 쓰는 '두루마리 휴지'는 toilet paper라고 합니다.

제 화면이 작동하지 않아요.
My screen doesn't work.
마이 스크륀 더즌트 월크

제 이어폰이 작동하지 않아요.
My earphones don't work.
마이 이얼폰즈 돈트 월크

- 복수 주어 + don't work.
- 단수 주어 + doesn't work.

제가 다른 이어폰을 가져다 드릴게요.
I'll get you some other earphones.
아일 겟 유 썸 아덜 이얼폰즈

- other 다른

베개 드릴까요?
Would you like a pillow?
우쥬 라익 어 필로

여기 편의 용품 세트입니다.
Here is your amenity kit.
히얼 이즈 유얼 어메너티 킷

- Here is ~.
(물건을 전해 주면서)
여기 ~입니다.

Scene 1

mp3 008

나	**Excuse me. Can I have a blanket?** [1]
	익쓰큐즈 미. 캔 아이 해브 어 블랭킷?
승무원	**Of course. Are you cold?**
	어브 콜쓰. 알 유 콜드?
나	**Yes, a little bit.** [2]
	예쓰, 어 리를 빗.
승무원	**I'll get you a blanket and check the temperature.**
	아일 겟 유 어 블랭킷 앤 첵 더 템퍼뤄췰.
나	**Thanks.**
	땡쓰.

• temperature 온도

나 실례합니다. 담요를 주실 수 있나요? 승무원 물론이죠. 추우신가요? 나 네, 조금요. 승무원 담요를 가져다 드리고 온도를 확인해 볼게요. 나 감사합니다.

1 Can I have a blanket?

Can I have ~?는 원하는 물건을 정중하게 요청할 때 사용하는 표현입니다. 그대로 해석하면 '제가 ~을 가질 수 있나요?'라는 뜻이지만 '~을 주실 수 있나요?'라는 의미로 사용됩니다. have 뒤에 기내 용품, 음식, 음료 등을 넣어 필요한 것을 자유롭게 요청해 보세요.

2 A little bit.

a bit은 '조금, 약간'이라는 뜻인데, a little bit도 같은 뜻을 나타냅니다. 어떤 정도나 양이 적음을 말할 때 이 표현을 사용해 보세요.

🔸 **패턴 연습하기** | 다음을 듣고 따라 말해 보세요.

Can I have _____ ? ~을 주실 수 있나요?
캔 아이 해브

a comb 빗
어 코움

a pen 펜
어 펜

an eye mask 안대
언 아이 매스크

one more napkin 냅킨 한 장 더
원 모얼 냅킨

some earplugs 귀마개
썸 이얼플러그즈

some toothpaste 치약
썸 투뜨페이스트

Scene 2

mp3 009

나 Excuse me. **My screen doesn't work.** [1]
익쓰큐즈 미. 마이 스크륀 더즌트 월크.

승무원 Oh, **I'm sorry.** [2] I'll reset it.
오, 아임 쏘뤼. 아일 뤼쎗 잇.

나 Thank you. It works well now.
땡큐. 잇 월스 웰 나우.

Oh, my earphones don't work either.
오, 마이 이얼폰즈 돈트 월크 이덜.

승무원 I'll get you some other earphones soon.
아일 겟 유 썸 아덜 이얼폰즈 쑨.

• reset 다시 설정하다   either ~도 (부정문에서)

나 실례합니다. 제 화면이 작동하지 않아요. **승무원** 앗, 죄송합니다. 제가 다시 설정해 드릴게요. **나** 감사합니다. 이제는 잘 되네요.
어, 제 이어폰도 작동을 안 하는데요. **승무원** 제가 금방 다른 이어폰을 가져다 드리겠습니다.

1 My screen doesn't work.

work에는 '(기계가) 작동하다'라는 뜻이 있습니다. 그래서 don't work/doesn't work는 '작동하지 않는다', 즉 '고장 났다'라는 뜻이 됩니다. 주어가 screen(화면)처럼 단수일 때는 doesn't work를 쓰고, earphones(이 어폰)처럼 복수일 때는 don't work를 사용하세요.

2 I'm sorry.

외국에 나가면 가장 많이 들을 수 있는 말이 바로 Thank you.(고마워요.)와 I'm sorry.(미안합니다.)입니다. 참고로 I'm sorry.는 내 잘못으로 인해 사과할 때뿐만 아니라 어떠한 불편함을 준 상황에 대한 미안함을 표현할 때도 사용할 수 있습니다.

❖ 패턴 연습하기 | 다음을 듣고 따라 말해 보세요.

My _____ **doesn't work.** 제 ~이 고장 났어요.
마이   더즌트 월크

charging port 충전 단자
촬징 폴트

call button (승무원) 호출 버튼
콜 버튼

seatbelt 좌석 벨트
씻벨트

touch screen 터치스크린
터취 스크륀

remote control 리모컨
뤼못 컨츠롤

overhead light 머리 위 전등
오벌헤드 라잇

04 입국 서류 작성하기

다른 나라에 입국하려면 기내에서 승무원이 주는 입국신고서와 세관신고서를 미리 작성해 입국 심사대에 제출해야 합니다. 개인 정보, 항공편 정보를 작성하고 신고할 물건이 있다면 체크합니다. 모르는 게 있을 때는 승무원에게 도움을 요청해 보세요.

mp3 010

필수 표현 익히기

borrow a pen
바로 어 펜
펜을 빌리다

immigration form
이미그레이션 폼
입국신고서

customs declaration form
커스텀즈 데클러레이션 폼
세관신고서

fill out
필 아웃
(서류를) 작성하다

flight number
플라잇 넘벌
항공편 번호

make a mistake
메익 어 미스테익
실수하다

length of stay
렝뜨 어브 스테이
체류 기간

passport number
패스폴트 넘벌
여권 번호

form
폼
서류, (신청) 용지

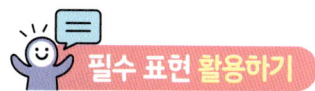

필수 표현 활용하기

💬 펜을 빌릴 수 있을까요?

Can I borrow a pen?

캔 아이 바로 어 펜

입국신고서 한 장 더 주시겠어요?

Could you give me another immigration form?

쿠드 유 기브 미 어너덜 이미그뤠이션 폼

세관신고서를 받을 수 있을까요?

Can I get a customs declaration form?

캔 아이 겟 어 커스텀즈 데클러뤠이션 폼

> Tip 최근에는 종이 신고서 대신 앱을 사용한 전자신고서로 대체하는 나라도 많이 있습니다.

여기에 무엇을 작성하는지 알려 주세요.

Please show me what to fill out here.

플리즈 쇼 미 왓 투 필 아웃 히얼

우리 항공편 번호가 뭐예요?

What is our flight number?

왓 이즈 아월 플라잇 넘벌

> Tip 항공편 번호는 항공사를 나타내는 코드명(예: KE, DL, LH)과 숫자로 이루어져 있습니다.

제가 이 서류에 실수를 했어요.

I made a mistake on this form.

아이 메이드 어 미스테익 온 디쓰 폼

🔊 여기에 체류 기간을 써 주세요.

Please write your length of stay here.

플리즈 롸잇 유얼 렝뜨 어브 스테이 히얼

여권 번호를 쓰셔야 합니다.

You need to write your passport number.

유 니드 투 롸잇 유얼 패스폴트 넘벌

• You need to 동사.
  ~해야 합니다.

새 서류를 가져다 드릴게요.

I'll get you a new form.

아일 겟 유 어 누 폼

 **Scene 1**

mp3 011

나 **Can I get a customs declaration form?** [1]
캔 아이 겟 어 커스텀즈 데클러웨이션 폼?

승무원 **Sure. Do you need an immigration form, too?**
슈얼. 두 유 니드 언 이미그뤠이션 폼, 투?

나 **Yes, I need one, too. Can I borrow a pen?**
예쓰, 아이 니드 원, 투. 캔 아이 바로 어 펜?

승무원 **Wait a minute, please.** [2] **Let me check if we have one.**
웨잇 어 미닛, 플리즈. 렛 미 췍 이프 위 해브 원.

• too 또한, 역시 wait 기다리다

나 세관신고서를 받을 수 있을까요? 승무원 그럼요. 입국신고서도 필요하신가요? 나 네, 그것도 필요해요. 펜을 빌릴 수 있을까요?
승무원 잠시만 기다려 주세요. 펜이 있는지 확인해 볼게요.

1 Can I get a customs declaration form?

get은 '~을 받다, 얻다'라는 뜻으로, Can I get ~?은 '제가 ~을 받을 수 있나요?', 즉 '~을 주시겠어요?'라는 뜻의 표현입니다. 승무원에게 어떤 음료나 음식, 물품을 달라고 부탁할 때 사용할 수 있습니다. 참고로 나라에 따라 '세관신고서'는 customs declaration card, '입국신고서'는 landing card 또는 entry card라고도 합니다. 미국처럼 전자화가 많이 진행된 나라는 전자신고서로 대체하기도 합니다.

2 Wait a minute, please.

minute은 '(시간의) 분'이라는 뜻이지만, 여기서는 일분처럼 짧은 시간, 즉 '잠시'라는 뜻을 나타냅니다. '(시간의) 초'를 뜻하는 second를 넣어 Wait a second, please.라고 말해도 같은 뜻이 됩니다.

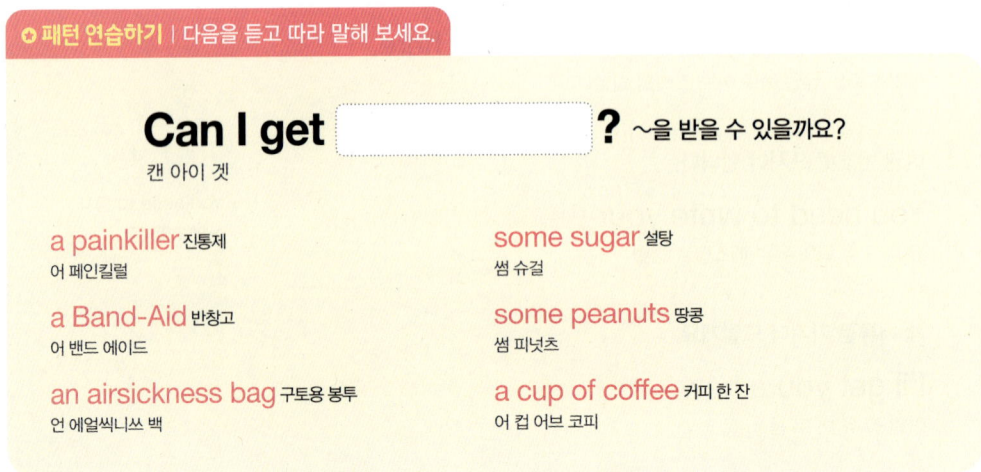

Scene 2

mp3 012

나 Excuse me. What is our flight number?
익쓰큐즈 미. 왓 이즈 아월 플라잇 넘벌?

승무원 It is KE123.
잇 이즈 케이 이 원 투 뜨뤼.

나 Oh, **I made a mistake on this form.** [1]
오, 아이 메이드 어 미스테익 온 디쓰 폼.

Could you give me another immigration form? [2]
쿠드 유 기브 미 어너덜 이미그뤠이션 폼?

승무원 Don't worry. I'll get you a new form.
돈 워리. 아일 겟 유 어 누 폼.

• worry 걱정하다

나 저기요. 우리 항공편 번호가 뭔가요? 승무원 KE123입니다. 나 아, 제가 이 서류에 실수를 했네요. 입국신고서 한 장 더 주시겠어요?
승무원 걱정 마세요. 새 신고서를 가져다 드릴게요.

1 I made a mistake on this form.
make a mistake은 '실수하다'라는 뜻인데, '실수했어요'라고 할 때는 make의 과거형 made를 사용해서 I made a mistake.이라고 말합니다. 여행 중 의도치 않게 실수를 저질렀을 때 사용해 보세요.

2 Could you give me another immigration form?
Could you + 동사?는 '~해 주시겠어요?' 하고 상대방에게 부탁하거나 요청할 때 사용하는 표현입니다. Can you + 동사?보다 더 정중한 느낌을 줍니다. Could you 뒤에 요청하고 싶은 내용을 넣어서 말해 보세요.

○ 패턴 연습하기 | 다음을 듣고 따라 말해 보세요.

Could you _____ ? ~해 주시겠어요?
쿠드 유

wake me up for meals 식사 때 깨우다
웨익 미 업 포얼 밀즈

get me some water 나에게 물을 좀 주다
겟 미 썸 워럴

turn off the light 불을 끄다
턴 오프 더 라잇

check my entry card 내 입국신고서를 확인하다
첵 마이 엔트뤼 칼드

take my tray away 내 식판을 치우다
테익 마이 트뤠이 어웨이

lower the shade 창문 덮개를 내리다
로얼 더 쉐이드

05 면세품 구매하기

mp3 013

기내 각 좌석 앞주머니에는 면세품 카탈로그가 마련되어 있습니다. 기내 면세품은 판매 시간 동안에만 구입할 수 있으며 기내 방송으로 안내가 됩니다. 한정된 제품을 판매하지만 공항 면세점보다 저렴한 경우도 있고 항공사 기념품도 구매할 수 있습니다.

 필수 표현 익히기

duty-free
두티 프뤼
면세품, 면세의

duty-free limit
두티 프뤼 리밋
면세 한도

perfume
펄품
향수

a bottle of
어 바를 어브
한 병의

pay in
페이 인
(특정 통화로) 결제하다

credit card
크뤠딧 칼드
신용카드

duty-free service
두티 프뤼 썰비쓰
면세품 판매 서비스

per person
펄 펄쓴
1인당

cigarette
씨거뤳
담배

필수 표현 활용하기

면세품 카탈로그 좀 주시겠어요?
Can I get a **duty-free** catalog?
캔 아이 겟 어 두티 프리 캐털로그

• catalog (물품) 목록, 카탈로그

주류에 대한 면세 한도는 어떻게 되나요?
What's the **duty-free limit** for liquor?
왓츠 더 두티 프리 리밋 포얼 리컬

Tip 맥주, 와인 등 '전반적인 술'은 alcohol이라고 하지만, 보드카, 위스키 등의 '독한 증류주'는 liquor 이라고 합니다.

이 향수를 구매할 수 있나요?
Can I buy this **perfume**?
캔 아이 바이 디쓰 펄품

샴페인을 한 병 사고 싶습니다.
I'd like to buy **a bottle of** champagne.
아이드 라익 투 바이 어 바를 어브 샴페인

• champagne 샴페인

한국 원화로 결제할 수 있나요?
Can I **pay in** Korean won?
캔 아이 페이 인 커뤼언 원

이 신용카드로 결제할게요.
I'll pay with this **credit card**.
아일 페이 위드 디쓰 크뤠딧 칼드

이제 면세품 판매 서비스를 시작하겠습니다.
We are now starting our **duty-free service**.
위 알 나우 스탈팅 아월 두티 프리 썰비쓰

1인당 두 병까지 가지고 가실 수 있어요.
You can bring two bottles **per person**.
유 캔 브링 투 바를즈 펄 펄쓴

• per ~당, ~마다

이 담배는 지금 없습니다.
We don't have these **cigarettes** now.
위 돈트 해브 디즈 씨거뤳츠 나우

Scene 1

mp3 014

승무원 We are now starting our duty-free service.
위 알 나우 스탈팅 아월 두티 프뤼 썰비쓰.

나 Excuse me. **Can I buy this perfume?** [1]
익쓰큐즈 미. 캔 아이 바이 디쓰 펄퓸?

승무원 Of course.
어브 콜스.

나 In addition, **what's the duty-free limit for liquor?** [2]
인 어디션, 왓츠 더 두티 프뤼 리밋 포얼 리컬?

승무원 You can bring two bottles per person.
유 캔 브륑 투 바를즈 펄 펄쓴.

• in addition 또한, 덧붙여

승무원 이제 면세품 판매 서비스를 시작하겠습니다. **나** 저기요. 이 향수 구매할 수 있나요? **승무원** 물론이죠. **나** 또 주류에 대한 면세 한도는 어떻게 되나요? **승무원** 1인당 두 병까지 가지고 갈 수 있어요.

1 Can I buy this perfume?

기내 면세품은 제한된 수량만 판매하므로 원하는 물건 재고가 없을 수도 있습니다. 따라서 제품을 구매 가능한지 확인할 때는 Can I buy ~?(제가 ~을 구매할 수 있나요?)로 물어보세요.

2 What's the duty-free limit for liquor?

나라마다 세관 규정에 따라 술이나 담배 같은 특정 제품은 면세 한도(duty-free limit)가 있어서 구매가 제한될 수도 있습니다. 면세 한도를 확인하고 싶다면 What's the duty-free limit for ~? 뒤에 제품 이름을 넣어서 '~에 대한 면세 한도는 어떻게 되나요?'라고 물어볼 수 있습니다.

✚ 패턴 연습하기 | 다음을 듣고 따라 말해 보세요.

Can I buy _____ ? ~을 구매할 수 있나요?
캔 아이 바이

this lipstick 이 립스틱
디쓰 립스틱

this cologne 이 남성용 향수
디쓰 컬론

this lotion 이 로션
디쓰 로션

a bottle of wine 와인 한 병
어 바를 어브 와인

two bottles of whiskey 위스키 두 병
투 바를즈 어브 위스키

a carton of cigarettes 담배 한 보루
어 칼튼 어브 씨거뤳츠

Scene 2

mp3 015

나 **Can I pay in Korean won?** [1]
캔 아이 페이 인 커뤼언 원?

승무원 Sorry. We only accept credit cards.
쏘뤼. 위 온리 어쎕트 크뤠딧 칼즈.

나 Oh, I see. Then I'll pay with this credit card.
오, 아이 씨. 덴 아일 페이 위드 디쓰 크뤠딧 칼드.

승무원 Thank you. Do you need anything else?
땡큐. 두 유 니드 에니띵 엘쓰?

나 **No, thank you.** [2]
노, 땡큐.

• accept 받다, 수락하다 else 그 밖에

나 한국 원화로 결제할 수 있나요? 승무원 죄송합니다. 저희는 신용카드만 받고 있어요. 나 아, 알겠습니다. 그러면 이 신용 카드로 결제할게요. 승무원 감사합니다. 더 필요한 것 있으세요? 나 괜찮습니다.

---

1 Can I pay in Korean won?

항공사별로 결제 가능한 수단이 다르므로 '~로 결제할 수 있나요?'라는 뜻의 Can I pay in/with + 결제 수단?으로 확인해 보세요. '지불하다, 돈을 내다'라는 뜻의 pay는 'pay in + 화폐 단위', 'pay with + 결제 수단'의 형태로 사용하니 전치사를 구분해서 사용하세요. 참고로 won(원)은 셀 수 없는 명사지만, dollar(달러)처럼 셀 수 있는 명사인 경우에는 -s를 붙여 dollars라고 합니다.

2 No, thank you.

상대방의 질문에 정중하게 거절을 표할 때 사용하는 표현입니다. 직역하면 '아니요, 감사합니다'라는 뜻이지만 '괜찮습니다'라고 사양할 때 주로 씁니다.

🔸 **패턴 연습하기** | 다음을 듣고 따라 말해 보세요.

Can I pay ⬜ **?** ~로 결제할 수 있나요?
캔 아이 페이

in U.S. dollars 미국 달러로
인 유에쓰 달러즈

in Canadian dollars 캐나다 달러로
인 커네이디언 달러즈

in pounds 파운드(영국 화폐)로
인 파운즈

in euros 유로(유럽 화폐)로
인 유로즈

with cash 현금으로
위드 캐쉬

with a debit card 체크카드로
위드 어 데빗 칼드

PART 02 공항에서

공항은 여행의 처음과 끝이 함께 하는 곳입니다. 출국부터 입국까지 다양한 상황을 마주하게 되는 곳인데요, 각 상황에 맞는 필수 표현을 익혀 여행의 시작과 마무리를 제대로 해 봅시다.

- 06 탑승 수속하기
- 07 보안 검색대 통과하기
- 08 환승하기
- 09 입국 심사하기
- 10 수하물 찾기
- 11 세관 신고하기

공항에서 흔히 볼 수 있는 영어

도착

출발

탑승 수속

환승

보안 검사

여권 심사, 출입국 심사

수하물 찾는 곳

세관

06 탑승 수속하기

mp3 016

공항에 도착해 제일 먼저 해야 할 일은 탑승 수속입니다. 항공사별로 체크인하는 방법이 다른데, 일반적으로는 공항 카운터에 가서 여권과 예약 내역을 보여 준 후 탑승권을 받고 짐을 부칩니다. 부칠 짐이 없으면 온라인으로 체크인만 해도 되는 항공사도 있습니다.

필수 표현 익히기

check in
췌 인
탑승 수속하다

suitcase
쑷케이쓰
여행 가방

backpack
백팩
배낭

gate number
게잇 넘벌
탑승구 번호

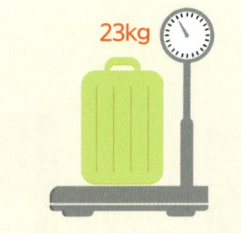
weight limit
웨잇 리밋
무게 제한

excess baggage fee
익쎄쓰 배기쥐 피
초과 수하물 요금

departure time
디팔철 타임
출발 시간

fragile
프뤠쥘
깨지기 쉬운, 부서지기 쉬운

conveyor
컨베이얼
운반 장치, 컨베이어

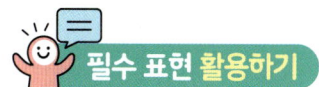 필수 표현 활용하기

어디서 제 비행기의 탑승 수속을 할 수 있나요?
Where can I **check in** for my flight?
웨얼 캔 아이 췍 인 포얼 마이 플라잇

부칠 여행 가방이 두 개 있습니다.
I have two **suitcases** to check.
아이 해브 투 쑷케이씨즈 투 췍

> Tip '여행용 짐 가방'은 suitcase라고 하고, '기내 휴대가방'은 carry-on bag이라고 합니다.

제 배낭을 기내에 가져가도 되나요?
Can I carry my **backpack** on board?
캔 아이 캐뤼 마이 백팩 온 볼드

탑승구 번호가 어떻게 되나요?
What is the **gate number**?
왓 이즈 더 게잇 넘벌

> Tip 탑승권에 적힌 gate number는 변경될 수도 있습니다. 탑승 시간에 임박해 당황하지 않도록 미리 전광판을 확인하세요.

무게 제한이 어떻게 되나요?
What's the **weight limit**?
왓츠 더 웨잇 리밋

초과 수하물 요금을 내야 하나요?
Do I have to pay an **excess baggage fee**?
두 아이 해브 투 페이 언 익쎄쓰 배기쥐 피

- excess 초과한
- baggage fee 수하물 요금

 탑승은 출발 시간 30분 전에 시작합니다.
Boarding begins thirty minutes before the **departure time**.
볼딩 비긴즈 떠뤼 미닛츠 비포얼 더 디팔쳘 타임

- boarding 탑승

가방 안에 깨지기 쉬운 물건이 있나요?
Is there anything **fragile** in the bags?
이즈 데얼 에니띵 프뤠쥘 인 더 백즈

컨베이어 위에 가방을 올려 주세요.
Put your bag on the **conveyor**, please.
풋 유얼 백 온 더 컨베이얼 플리즈

Scene 1

mp3 017

직원　**Can I see your passport?**
　　　캔 아이 씨 유얼 패쓰폴트?

나　　**Here you are. May I get an aisle seat?** [1]
　　　히얼 유 알. 메이 아이 겟 언 아일 씻?

직원　**Sure. Your seat is 20C. Is that okay?** [2]
　　　슈얼. 유얼 씻 이즈 트웬티 씨. 이즈 댓 오케이?

나　　**Yes, thank you. What is the gate number?**
　　　예쓰, 땡큐. 왓 이즈 더 게잇 넘벌?

직원　**It is Gate B40.**
　　　잇 이즈 게잇 비 포뤼.

• passport 여권　aisle seat 통로 좌석

직원 여권 확인해도 될까요? 나 여기요. 통로 좌석에 앉을 수 있을까요? 직원 그럼요. 좌석 번호는 20C입니다. 괜찮으실까요?
나 네, 감사합니다. 탑승구 번호가 어떻게 되죠? 직원 게이트 B40입니다.

---

1 May I get an aisle seat?

상대방에게 받아내고 싶은 것을 정중하게 요청할 때 May I get ~?을 사용할 수 있습니다. May I + 동사?는 '~해도 될까요?'라는 뜻으로 Can I + 동사?보다 더 정중한 표현입니다. get 뒤에 구체적으로 원하는 좌석을 넣어 '제가 (어떤 좌석)을 받을 수 있을까요?' 하고 요청해 보세요.

2 Is that okay?

상대방의 동의나 허락을 구할 때 묻는 표현입니다. 여기에 대한 대답은 Sure.(물론입니다.) 또는 No problem.(문제없습니다.)으로 해도 좋습니다.

○ 패턴 연습하기 | 다음을 듣고 따라 말해 보세요.

May I get _____ ? ~을 받을 수 있을까요?
메이 아이 겟

a first-row seat 맨 앞좌석	an exit-row seat 비상구 좌석
어 펄스트 로 씻	언 엑씻 로 씻
a window seat 창가 좌석	an extra-legroom seat 다리 공간이 넓은 좌석
어 윈도우 씻	언 엑스트뤄 렉룸 씻
a bulkhead seat 칸막이 앞 좌석	a seat next to my friend 친구의 옆 좌석
어 벌크헤드 씻	어 씻 넥스투 마이 프렌드

Scene 2

mp3 018

직원 **Do you have any luggage to check?** [1]
두 유 해브 에니 러기쥐 투 첵?

나 Yes, I have two suitcases to check.
예쓰, 아이 해브 투 슛케이씨즈 투 첵.

직원 Is there anything fragile in the bags?
이즈 데얼 에니띵 프뤠졀 인 더 백즈?

나 No, nothing. **Can I carry my backpack on board?** [2]
노, 너띵. 캔 아이 캐뤼 마이 백팩 온 볼드?

직원 Of course.
어브 콜스.

• nothing 아무것도 없음

직원 부칠 짐이 있으신가요? 나 네, 부칠 여행 가방이 두 개 있어요. 직원 가방 안에 깨지기 쉬운 물건이 있나요? 나 아니요, 없어요. 제 배낭을 기내에 가져가도 되나요? 직원 그럼요.

1 Do you have any luggage to check?
항공사 직원이 짐칸에 부칠 짐이 있는지 물어볼 때 사용하는 표현입니다. check은 '확인하다'라는 뜻 말고도 비행기를 탈 때 '(짐을) 부치다'라는 뜻이 있습니다.

2 Can I carry my backpack on board?
탑승 전, 소지하고 있는 물건을 기내에 들고 가도 되는지 직원에게 확인할 때는 Can I carry + 물건 + on board?(제가 ~을 기내에 가져가도 되나요?)를 활용해 보세요. carry는 '들고 가다, 가지고 가다'라는 뜻의 동사이고 on board는 '탑승한, 기내에'라는 뜻입니다.

♡ 패턴 연습하기 | 다음을 듣고 따라 말해 보세요.

Can I carry _____ on board? ~을 기내에 가져가도 되나요?
캔 아이 캐뤼   온 볼드

- toothpaste 치약
  투뜨페이스트
- baby formula 아기 분유
  베이비 포뮬러
- this stroller 이 유모차
  디쓰 스트롤럴
- a lighter 라이터
  어 라이럴
- a portable charger 보조 배터리
  어 포터블 촬졀
- my camera tripod 제 카메라 삼각대
  마이 캐머뤄 트라이팟

07 보안 검색대 통과하기

비행기 탑승 전에 탑승객의 신원을 확인하고 소지하고 있는 물품을 검사하는 보안 검색이 진행됩니다. 안전한 여행을 위한 첫 단계라고 할 수 있지요. 보안 검색대를 통과할 때 보안 요원이 요청할 수 있는 다양한 표현을 익혀 두세요.

mp3 019

필수 표현 익히기

electronics
일렉트라닉쓰
전자기기

scissors
씨절즈
가위

metal
메를
금속

take off
테익 오프
(옷, 신발을) 벗다

empty *one's* pockets
엠티 원즈 파킷츠
주머니를 비우다

liquid
리퀴드
액체

tray
트레이
트레이, 용기

go through
고우 뜨루
통과하다

raise *one's* arms
뤠이즈 원즈 암즈
양팔을 들다

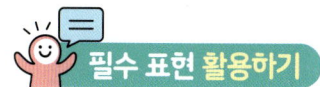 필수 표현 활용하기

제 전자기기를 가방에서 꺼내야 하나요?

Should I take my electronics out of my bag?

슈드 아이 테익 마이 일렉트롸닉스 아웃 어브 마이 백

기내에 가위를 가져가는 게 허용 안 되나요?

Is it not allowed to bring scissors on board?

이즈 잇 낫 얼라웃 투 브륑 씨절즈 온 볼드

저는 금속 버클이 있는 벨트를 하고 있습니다.

I'm wearing a belt with a metal buckle.

아임 웨어링 어 벨트 위드 어 메를 버클

신발을 벗어야 하나요?

Do I need to take off my shoes?

두 아이 니드 투 테익 오프 마이 슈즈

주머니에 있는 걸 비워야 하나요?

Should I empty my pockets?

슈드 아이 엠티 마이 파킷츠

> **Tip** empty의 'p' 소리는 거의 발음하지 않아야 자연스럽습니다.

 가방 안에 액체류가 있나요?

Do you have any liquids in your bag?

두 유 해브 에니 리퀴즈 인 유얼 백

소지품을 트레이 안에 넣으세요.

Put your belongings in the tray.

풋 유얼 빌롱잉즈 인 더 트뤠이

> **Tip** tray는 접시를 놓는 '쟁반'이라는 뜻도 있지만, 여기서는 소지품을 넣을 수 있는 '플라스틱 바구니'를 뜻합니다.

게이트를 한 번 더 통과해 주세요.

Go through the gate one more time, please.

고우 뜨루 더 게잇 원 모얼 타임 플리즈

앞으로 오셔서 양팔을 들어 주세요.

Please step forward and raise your arms.

플리즈 스텝 포월드 앤 뤠이즈 유얼 암즈

• step forward 앞으로 나가다

Scene 1

mp3 020

직원 Put your belongings in the tray.
풋 유얼 빌롱잉즈 인 더 트뤠이.

나 Sure. **Do I need to take off my shoes?** [1]
슈얼. 두 아이 니드 투 테익 오프 마이 슈즈?

직원 **No need.** [2] But if your belt has a metal buckle, please take it off.
노 니드. 벗 이프 유얼 벨트 해즈 어 메를 버클, 플리즈 테익 잇 오프.

나 All right.
올 롸잇.

• if 만약 ~라면

직원 소지품을 트레이 안에 넣으세요. **나** 네, 신발을 벗어야 하나요? **직원** 그러실 필요 없어요. 하지만 벨트에 금속 버클이 있으면 벗어 주세요. **나** 알겠습니다.

1 Do I need to take off my shoes?

Do I need to + 동사?는 '제가 ~할 필요가 있나요', '제가 ~해야 하나요?'라는 뜻입니다. 보안 검색을 하면서 직원에게 어떤 행동을 해야 하는지 문의할 때 사용할 수 있어요. 한편 take off는 '(옷을) 벗다, (신발을) 벗다, (모자를) 벗다' 등 착용한 것을 벗는다는 의미인데, Do I need to take off my ~?로 '제가 ~을 벗어야 하나요?'라고 질문해 보세요.

2 No need.

No, you don't need to.를 짧게 줄인 말입니다. '그럴 필요 없어요', '안 해도 돼요'라는 뜻으로, 상대방에게 어떤 행동을 하지 않아도 된다고 간단하게 알려 줄 때 사용합니다.

○ 패턴 연습하기 | 다음을 듣고 따라 말해 보세요.

Do I need to take off my ____? ~을 벗어야 하나요?
두 아이 니드 투 테잇 오프 마이

coat 코트
코트

scarf 스카프, 목도리
스칼프

glasses 안경
글래씨즈

jacket 재킷
재킷

bracelet 팔찌
브뤠이슬릿

boots 부츠
부츠

watch 손목시계
왓취

hat 모자
햇

gloves 장갑
글러브즈

Scene 2

mp3 021

직원 Could you open your bag? I think there are scissors.
쿠쥬 오픈 유얼 백? 아이 띵크 데얼 알 씨절즈.

나 Oh, **I didn't realize that.** [1]
오, 아이 디든트 뤼얼라이즈 댓.

Is it not allowed to bring scissors on board? [2]
이즈 잇 낫 얼라웃 투 브링 씨절즈 온 보드?

직원 I'm sorry, but it's not allowed.
아임 쏘뤼, 벗 잇츠 낫 얼라웃.

나 I see. I'll just leave them here.
아이 씨. 아일 쥬스트 리브 뎀 히얼.

• realize 깨닫다　leave (물건을) 두고 가다

직원 가방을 열어 주시겠어요? 가위가 있는 것 같네요. 나 아, 몰랐어요. 기내에 가위를 가져가는 게 허용 안 되나요?
직원 유감스럽게도, 안 됩니다. 나 알겠어요. 그냥 여기에 두고 갈게요.

---

1 I didn't realize that.

realize는 '깨닫다, 알아차리다'라는 의미의 동사입니다. I didn't realize that.은 '그거 몰랐어요/인지하지 못했어요'라는 뜻인데, I didn't know that.(몰랐어요.)과 비슷한 의미지만 미처 깨닫지 못했다는 뉘앙스를 담고 있습니다.

2 Is it not allowed to bring scissors on board?

allow는 '허용하다'라는 의미입니다. '~하는 게 허용 안 되나요?'라고 어떤 행동이 금지되어 있는지 확인하고 싶을 때는 Is it not allowed to + 동사?로 질문해 보세요.

✪ 패턴 연습하기 | 다음을 듣고 따라 말해 보세요.

Is it not allowed to _____? ~하는 게 허용 안 되나요?
이즈 잇 낫 얼라웃 투

take pictures 사진을 찍다
테익 픽철즈

use my phone 핸드폰을 사용하다
유즈 마이 폰

change seats 좌석을 바꾸다
체인쥐 씻츠

bring a razor 면도기를 가져가다
브링 어 뤠이절

carry hairspray 헤어 스프레이를 소지하다
캐뤼 헤얼스프레이

take over 100ml of liquid 100ml 이상 액체를 가져가다
테익 오벌 원 헌드뤠드 밀리리털즈 어브 리퀴드

PART 02 공항에서　43

08 환승하기

mp3 022

환승 항공편은 직항보다 저렴한 가격으로 이용할 수 있지만, 공항에서 추가 절차를 거쳐야 하므로 다소 번거로울 수 있습니다. 특히 비행기가 지연되어 연결 항공편을 놓칠 수 있는 상황에도 대비해 두는 것이 좋습니다.

필수 표현 익히기

transfer
트렌스펄
환승하다, 환승

connecting flight
커넥팅 플라잇
연결 항공편, 환승 항공편

shuttle train
셔틀 트뤠인
셔틀 열차

has been delayed
해즈 빈 딜레이드
지연되었다, 연착되었다

terminal
털미늘
터미널

layover
레이오벌
(비행기의) 환승 대기

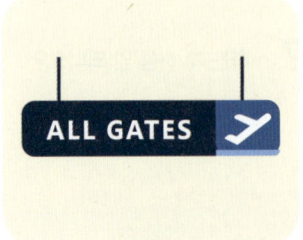
sign
싸인
표지판

final destination
파이늘 데스티네이션
최종 목적지

on schedule
온 스케쥴
예정대로, 시간표대로

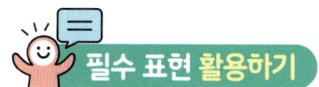
필수 표현 활용하기

다른 비행기로 환승할 거예요.
I will **transfer** to another flight.
아이 윌 트렌스펄 투 어너덜 플라잇

제 환승 항공편의 C10 게이트는 어디에 있나요?
Where is Gate C10 for my **connecting flight**?
웨얼 이즈 게잇 씨 텐 포얼 마이 커넥팅 플라잇

셔틀 열차를 타야 하나요?
Do I need to take the **shuttle train**?
두 아이 니드 투 테익 더 셔틀 트뤠인

> **Tip** 규모가 큰 공항에서는 다른 터미널이나 탑승구로 이동할 때 셔틀 열차를 타야 하는 경우도 있습니다.

제 비행기가 연착되었어요.
My flight **has been delayed**.
마이 플라잇 해즈 빈 딜레이드

• delay 지연시키다, 지연

이 비행기를 타려면 2터미널로 가야 하나요?
Do I need to go to **Terminal** 2 for this flight?
두 아이 니드 투 고우 투 털미늘 투 포얼 디쓰 플라잇

환승 대기 시간이 충분할까요?
Will I have enough time for my **layover**?
윌 아이 해브 이너프 타임 포얼 마이 레이오벌

'환승' 표지판을 따라가세요.
Follow the **signs** for "Transfer."
팔로우 더 싸인즈 포얼 트뤤스펄

• follow 따라가다

최종 목적지가 어디신가요?
What is your **final destination**?
왓 이즈 유얼 파이늘 데스티네이션

연결 항공편은 예정대로 운항 중입니다.
Your connecting flight is **on schedule**.
유얼 커넥팅 플라잇 이즈 온 스케줄

Scene 1

mp3 023

나 **Where is Gate C10 for my connecting flight?** [1]
웨얼 이즈 게잇 씨 텐 포얼 마이 커넥팅 플라잇?

직원 **It's in Terminal 2.**
잇츠 인 털미늘 투.

Follow the signs for "Transfer" [2] **and take the shuttle train.**
팔로우 더 싸인즈 포얼 트뤤스퍼ㄹ 앤 테익 더 셔틀 트뤠인.

나 **How long does it take to get there?**
하우 롱 더즈 잇 테익 투 겟 데얼?

직원 **About 10 minutes.**
어바웃 텐 미닛츠.

• minute 분

나 제 환승 항공편의 C10 게이트는 어디에 있나요? **직원** 2터미널에 있어요. '환승' 표지판을 따라가신 후 셔틀 열차를 타세요.
나 거기까지 얼마나 걸리나요? **직원** 10분 정도요.

1 Where is Gate C10 for my connecting flight?

공항은 워낙 넓고 복잡한 곳이라 길을 잃을 위험이 있습니다. 공항에서 어떤 장소를 찾을 때는 Where is + 장소?로 질문해 보세요. 이때 Gate C10처럼 특정한 장소 이름 앞에는 the를 붙이지 않지만, restroom(화장실) 같은 일반적인 장소 앞에는 the를 붙여야 하므로 주의하세요.

2 Follow the signs for "Transfer."

공항에서 직원에게 길을 물으면 말로 길게 설명하기보다 해당 표지판을 알려 주는 경우가 많습니다. follow는 '따라가다', sign은 '표지판'이라는 뜻입니다.

⊕ 패턴 연습하기 | 다음을 듣고 따라 말해 보세요.

Where is _____ **?** ~은 어디에 있어요?
웨얼 이즈

the transfer desk 환승 데스크
더 트뤤스퍼ㄹ 데스크

the information desk 안내 데스크
디 인퍼메이션 데스크

the departure hall 출국장
더 디팔쳐 홀

the restroom 화장실
더 뤠스트룸

the arrival hall 입국장
디 어롸이벌 홀

the taxi stand 택시 승강장
더 택씨 스탠드

Scene 2

나 **My flight has been delayed. ¹ What should I do?**
마이 플라잇 해즈 빈 딜레이드. 왓 슈다이 두?

직원 **Where is your final destination?**
웨얼 이즈 유얼 파이늘 데스티네이션?

나 **I'm flying to Sydney. ² Will I miss my flight?**
아임 플라잉 투 씨드니. 윌 아이 미쓰 마이 플라잇?

직원 **Let me check. Well, your connecting flight is on schedule,**
렛 미 췍. 웰, 유얼 커넥팅 플라잇 이즈 온 스케쥴,

and you still have enough time to catch it.
앤 유 스틸 해브 이너프 타임 투 캐취 잇.

• fly 비행기를 타고 가다 miss 놓치다 catch (시간에 맞춰) 타다

나 제 비행기가 지연되었어요. 어떻게 해야 하죠? 직원 최종 목적지가 어디신가요? 나 시드니로 가요. 제가 비행기를 놓치게 될까요?
직원 확인해 보겠습니다. 음, 연결 항공편은 예정대로 운항 중이고, 비행기를 타실 시간은 아직 충분해요.

1 My flight has been delayed.

delay는 '지연시키다'라는 뜻의 동사로, '지연되었다'라고 할 때는 현재완료와 수동태를 사용해 has been delayed라고 합니다. 과거에 일어난 지연이 현재에도 영향을 끼치고 있기 때문에 현재완료를 사용합니다. 참고로 지연된 이유를 설명할 때는 'due to + 이유'를 덧붙이세요. 예를 들어 My flight has been delayed due to weather conditions.(기상 상황 때문에 비행기가 지연되었어요.)처럼 말합니다.

2 I'm flying to Sydney.

fly to는 '비행기를 타고 ~에 가다'라는 뜻입니다. 그래서 비행기를 타고 이동할 때 I'm flying to + 목적지(나라/도시 이름).으로 내 최종 목적지가 어디인지 설명할 수 있습니다.

◎ 패턴 연습하기 | 다음을 듣고 따라 말해 보세요.

I'm flying to _____ . 저는 ~로 가요.
아임 플라잉 투

Guam 괌 그왐	**Hawaii** 하와이 허와이	**New York** 뉴욕 누 욜크
Paris 파리 패뤼쓰	**Vancouver** 밴쿠버 밴쿠벌	**Los Angeles** 로스 앤젤레스 로쓰 앤절러쓰
Rome 로마 롬	**Toronto** 토론토 터란토	**San Francisco** 샌프란시스코 쌘 프렌씨쓰코

09 입국 심사하기

다른 나라에 입국하려면 여권과 미리 작성한 입국신고서를 입국심사대에 제출하고 심사를 받아야 합니다. 입국심사관이 방문 목적, 체류 기간 등을 물어보며 심사가 진행됩니다. 긴장되는 순간이지만 솔직하게만 답하면 문제없이 심사를 통과할 수 있습니다.

필수 표현 익히기

sightseeing
싸잇씨잉
관광

stay at
스테이 앳
~에서 머물다

day
데이
일, 하루

passport
패쓰폴트
여권

first visit
펄스트 비짓
첫 방문

travel alone
트래블 어론
혼자 여행하다

purpose
펄퍼쓰
목적

occupation
아큐페이션
직업

return ticket
뤼턴 티킷
돌아가는 표, 왕복 표

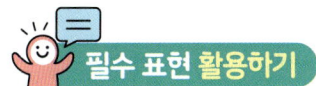 **필수 표현 활용하기**

 여기 관광하러 왔어요.
I'm here for **sightseeing**.
아임 히얼 포얼 싸잇씨잉

저는 더 그레이스 호텔에서 머물 거예요.
I'll **stay at** The Grace Hotel.
아일 스테이 앳 더 그뤠이쓰 호텔

여기에 10일 동안 머물 거예요.
I'll be staying here for ten **days**.
아일 비 스테잉 히얼 포얼 텐 데이즈

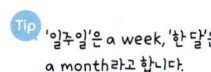 Tip '일주일'은 a week, '한 달'은 a month라고 합니다.

제 입국 신고서와 여권 여기 있습니다.
Here are my landing card and **passport**.
히얼 알 마이 랜딩 칼드 앤 패쓰폴트

이번이 첫 방문이에요.
This is my **first visit**.
디쓰 이즈 마이 펄스트 비짓

저는 혼자 여행 중이에요.
I'm **traveling alone**.
아임 트래블링 어론

Tip 일행이 있는 경우 I'm here with my family/friends.(제 가족/친구들과 함께 왔어요.)라고 말해 보세요.

 방문 목적이 무엇인가요?
What's the **purpose** of your visit?
왓츠 더 펄퍼쓰 어브 유얼 비짓

• visit 방문, 방문하다

직업이 무엇인가요?
What is your **occupation**?
왓 이즈 유얼 아큐페이션

돌아가는 표는 갖고 계세요?
Do you have a **return ticket**?
두 유 해브 어 뤼턴 티킷

Scene 1

mp3 026

직원 What's the purpose of your visit?
왓츠 더 펄퍼쓰 어브 유얼 비짓?

나 **I'm here for sightseeing.** [1]
아임 히얼 포얼 싸잇씨잉.

직원 How long will you be staying here?
하우 롱 윌 유 비 스테잉 히얼?

나 I'll be staying here for ten days.
아일 비 스테잉 히얼 포얼 텐 데이즈.

직원 Where will you stay?
웨얼 윌 유 스테이?

나 I'll stay at The Grace Hotel.
아일 스테이 앳 더 그레이쓰 호텔.

• how long 얼마나 오래, 얼마 동안

직원 방문 목적이 무엇인가요? **나** 관광으로 왔습니다. **직원** 이곳에 얼마나 머무실 건가요? **나** 여기에 10일 동안 머물 거예요.
직원 어디에서 머무실 거죠? **나** 더 그레이스 호텔에서 머물 거예요.

---

1 I'm here for sightseeing.

방문 목적을 말할 때는 '~로 여기 왔습니다'라는 뜻의 I'm here + 목적/이유.를 활용해 보세요. 참고로 입국 심사관이 방문 목적을 물을 때 What brings you to this country?(이 나라에는 무슨 일로 오셨어요?)라는 표현도 자주 사용합니다.

⊙ 패턴 연습하기 | 다음을 듣고 따라 말해 보세요.

I'm here _____ . ~로 여기 왔어요.
아임 히얼

to visit my family 가족을 방문하려고
투 비짓 마이 패멀리

to study 공부하러
투 스터디

for vacation 휴가로
포얼 베이케이션

in transit 환승 중, 경유 중
인 트뤤짓

on a business trip 출장으로
온 어 비즈니쓰 트립

on a working holiday visa 워킹 홀리데이 비자로
온 어 월킹 할러데이 비저

Scene 2

mp3 027

| 직원 | **Have you ever been to the USA?**
해브 유 에벌 빈 투 더 유에쓰에이? |

| 나 | **No, this is my first visit.**
노, 디쓰 이즈 마이 펄스트 비짓. |

| 직원 | **What is your occupation?**
왓 이즈 유얼 아큐페이션? |

| 나 | **I'm an office worker.** [1]
아임 언 오피쓰 월컬. |

| 직원 | **Do you have a return ticket?**
두 유 해브 어 뤼턴 티킷? |

| 나 | **Yes, I do.**
예쓰, 아이 두. |

• the USA 미국 office worker (사무직) 회사원

직원 미국에 와 본 적 있으세요? 나 아니요, 이번이 첫 방문이에요. 직원 직업이 무엇인가요? 나 회사원입니다. 직원 돌아가는 표는 갖고 계신가요? 나 네, 가지고 있어요.

---

1 I'm an office worker.

입국 심사 때는 신원 확인차 직업을 묻는 경우가 많습니다. 이때는 I'm a/an + 직업.으로 자신의 직업을 소개해 보세요. I'm ~.(저는 ~입니다.)은 이름, 나이, 직업 등 다양하게 자기를 소개할 때 쓸 수 있는 표현입니다. 참고로 What do you do for a living?(생계를 위해 무엇을 하세요?)으로 직업을 묻기도 합니다.

✚ 패턴 연습하기 | 다음을 듣고 따라 말해 보세요.

I'm a/an _____. 저는 ~입니다.
아임 어/언

| teacher 교사
티쳘 | homemaker 주부
홈메이컬 | YouTube creator 유튜브 제작자
유투브 크뤼에이럴 |
| student 학생
스투든트 | nurse 간호사
널쓰 | business owner 사업가
비즈니쓰 오널 |
| designer 디자이너
디자이널 | housekeeper 가사도우미
하우쓰키펄 | engineer 엔지니어, 기술자
엔쥐니얼 |

10 수하물 찾기

입국 심사를 무사히 마쳤다면 이제 짐을 찾을 차례입니다. 수하물의 이송이 지연되거나, 가방이 파손되거나, 다른 승객의 짐과 바뀌는 등 예상치 못한 문제가 발생할 수 있습니다. 이러한 위기 상황에 대처할 수 있는 표현들을 미리 익혀 두세요.

luggage
러기쥐
수하물, 짐

baggage claim area
배기쥐 클레임 에뤼어
수하물 찾는 곳

baggage service center
배기쥐 썰비쓰 쎈털
수하물 서비스 센터

damaged
대미쥐드
파손된, 손상된

compensation
캄펀쎄이션
보상, 보상금

have it repaired
해브 잇 뤼페얼드
그것을 수리 받다

take *one's* bag
테익 원즈 백
~의 가방을 가져가다

damage report
대미쥐 뤼폴트
피해 신고서

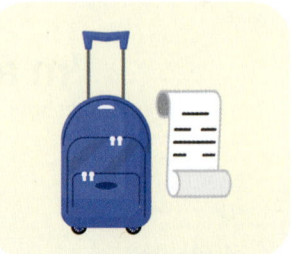

baggage claim tag
배기쥐 클레임 택
수하물 보관표

제 짐을 못 찾겠어요.

I can't find my luggage.

아이 캔트 파인드 마이 러기쥐

수하물 찾는 곳이 어디인가요?

Where is the baggage claim area?

웨얼 이즈 더 배기쥐 클레임 에뤼어

수하물 서비스 센터에 가야 해요.

I need to go to the baggage service center.

아이 니드 투 고우 투 더 배기쥐 썰비쓰 쎈털

> Tip: 분실 수하물, 파손된 수하물 등 수하물 문제를 해결할 때 가는 장소입니다.

제 여행 가방이 파손되었어요.

My suitcase is damaged.

마이 쑷케이쓰 이즈 대미쥐드

이거에 대한 보상을 받길 바랍니다.

I hope to get compensation for this.

아이 홉 투 겟 캄펀쎄이션 포얼 디쓰

- I hope to 동사.
  ~하기를 바랍니다.

항공사 부담으로 그것을 수리 받고 싶어요.

I'd like to have it repaired at your expense.

아이드 라익 투 해브 잇 뤼페얼드 앳 유얼 익스펜쓰

- at your expense
  당신(항공사)의 비용으로

 다른 승객이 실수로 손님 가방을 가져간 것 같아요.

It looks like another passenger took your bag by mistake.

잇 룩스 라익 어너덜 패씬줠 툭 유얼 백 바이 미쓰테익

피해 신고서를 작성하셔야 합니다.

You should fill out a damage report.

유 슈드 필 아웃 어 대미쥐 뤼폴트

수하물 보관표를 보여 주실 수 있나요?

Can I see your baggage claim tag?

캔 아이 씨 유얼 배기쥐 클레임 택

> Tip: 탑승수속이 끝나면 항공사 번호, 출발지와 목적지 등의 정보가 적힌 수하물 보관표를 받습니다. 짐 분실 시 꼭 필요하니 잘 보관해 두세요.

Scene 1

mp3 029

나 **I can't find my luggage. [1] Is there a delay? [2]**
아이 캔트 파인드 마이 러기쥐. 이즈 데얼 어 딜레이?

직원 **No, it looks like another passenger took your bag by mistake.**
노, 잇 룩스 라익 어너덜 패씬쥘 툭 유얼 백 바이 미쓰테익.

나 **Oh, no! What should I do?**
오, 노! 왓 슈다이 두?

직원 **Can I see your baggage claim tag? I'll check again.**
캔 아이 씨 유얼 배기쥐 클레임 택? 아일 췍 어겐.

• delay 지연

나 제 짐을 못 찾겠어요. 혹시 지연되고 있나요? 직원 아니요. 다른 승객이 실수로 손님 가방을 가져간 것 같네요. 나 오, 이런! 어떻게 해야 하죠? 직원 수하물 보관표 좀 볼 수 있을까요? 제가 다시 확인해 볼게요.

1 I can't find my luggage.

find는 '찾다'라는 뜻의 동사입니다. 물건이 없어졌을 때 I can't find my ~. 뒤에 물건 이름을 넣어 '제 ~을 찾을 수 없어요', '제 ~을 못 찾겠어요'라고 말할 수 있습니다.

2 Is there a delay?

수하물의 하차가 늦어지고 있다면 이렇게 물어보세요. delay는 명사로는 '지연'이라는 뜻입니다. 지연되는 이유가 궁금할 때는 Why is there a delay?(왜 지연되고 있나요)?라고 물으면 됩니다.

⊙ 패턴 연습하기 | 다음을 듣고 따라 말해 보세요.

I can't find my _____. 제 ~을 못 찾겠어요.
아이 캔트 파인드 마이

laptop bag 노트북 가방
랩탑 백

golf bag 골프 가방
골프 백

ski bag 스키 가방
스키 백

carry-on bag 기내용 가방
캐뤼 온 백

fishing rod case 낚싯대 가방
피싱 로드 케이쓰

pet carrier 반려동물 이동장
펫 캐뤼얼

Scene 2

mp3 030

나 Excuse me. My suitcase is damaged.
익쓰큐즈 미. 마이 쑷케이쓰 이즈 대미쥐드.

I need to go to the baggage service center. ¹
아이 니드 투 고우 투 더 배기쥐 썰비쓰 쎈털.

직원 I'm sorry about that. It's right over there.
아임 쏘뤼 어바웃 댓. 잇츠 롸잇 오벌 데얼.

나 **I hope to get compensation for this.** ²
아이 홉 투 겟 캄펀쎄이션 포얼 디쓰.

직원 You should fill out a damage report there, and we will help you.
유 슈드 필 아웃 어 대미쥐 뤼폴트 데얼, 앤 위 윌 헬프 유.

• right 바로 over there 저쪽에

나 실례합니다. 제 여행 가방이 파손되었어요. 수하물 서비스 센터에 가야 해요. 직원 죄송합니다. 바로 저쪽에 있습니다.
나 이거에 대한 보상을 받고 싶은데요. 직원 거기에서 피해 신고서를 작성하셔야 합니다. 그러면 저희가 도와드릴게요.

---

1 I need to go to the baggage service center.

I need to + 동사.는 '저는 ~해야 합니다'라는 뜻입니다. I need to go to + 장소.라고 하면 '저는 ~에 가야 해요'라는 뜻이 됩니다. 일반적인 장소 이름 앞에는 the가 붙는 경우가 많으니 말할 때 주의하세요.

2 I hope to get compensation for this.

운송 과정에서 여행 가방이 부서지거나 바퀴가 망가지는 등 피해가 발생하면 항공사에 보상을 요구할 수 있습니다. 이때 compensation(보상)이라는 단어를 활용해 말해 보세요. I hope to + 동사.는 '~하기를 바랍니다'라는 뜻인데, 내가 원하는 사항을 전달할 때 사용합니다.

✿ 패턴 연습하기 | 다음을 듣고 따라 말해 보세요.

I need to go to _____. ~에 가야 해요.
아이 니드 투 고우 투

the lost and found center 분실물 센터
더 로스트 앤 파운드 쎈털

the immigration office 출입국 관리소
디 이미그뤠이션 오피스

the tax refund office 세금 환급소
더 택스 뤼펀드 오피스

the nursery 유아 휴게실
더 널써뤼

the boarding gate 탑승 게이트
더 볼딩 게잇

the luggage cart area 수하물 카트 보관소
더 러기쥐 칼트 에뤼어

11 세관 신고하기

출국장을 나서기 위한 마지막 절차는 세관 신고입니다. 나라마다 반입 금지 품목이 다르므로 소지하고 있는 물건이 반입 가능한지 꼼꼼하게 확인해야 합니다. 반입 가능 여부가 애매할 때는 미리 세관 신고를 하여 불이익을 당하지 않도록 주의하세요.

mp3 031

필수 표현 익히기

personal belongings
펄써널 빌롱잉즈
개인 소지품

meat products
밋 프라덕츠
육류 제품

alcohol
앨커홀
술

medicine
메디쓴
약

jewelry
쥬얼뤼
장신구, 보석류

fruit
프룻
과일

declare
디클레얼
신고하다

be not allowed
비 낫 얼라웃
허용되지 않다

open *one's* bag
오픈 원즈 백
가방을 열다

필수 표현 활용하기

저는 개인 소지품만 가지고 있어요.
I only have my personal belongings.
아이 온리 해브 마이 펄써널 빌롱잉즈

저는 육류 제품은 가지고 있지 않아요.
I don't have any meat products.
아이 돈트 해브 에니 밋 프라덕츠

> Tip: meat products는 닭고기, 소고기 등의 고기를 포함한 '햄이나 베이컨 같은 가공품'을 뜻합니다.

저는 신고할 술이 있어요.
I have alcohol to declare.
아이 해브 앨커홀 투 디클레얼

저는 상비약을 소지하고 있어요.
I'm carrying some household medicine.
아임 캐링 썸 하우쓰홀드 메디쓴

> Tip: household medicine은 '가정에 두고 쓰는 상비약'으로, 처방전 없이 살 수 있는 일반 의약품입니다.

이 장신구를 신고해야 하나요?
Do I need to declare this jewelry?
두 아이 니드 투 디클레얼 디쓰 쥬얼뤼

과일을 소지하고 계신가요?
Are you carrying any fruit with you?
알 유 캐링 에니 프룻 위드 유

• carry 소지하다

신고할 물건이 있습니까?
Do you have anything to declare?
두 유 해브 에니띵 투 디클레얼

여기에 식물을 가지고 오는 것은 허용되지 않습니다.
You are not allowed to bring plants here.
유 알 낫 얼라웃 투 브륑 플랜츠 히얼

• allow 허용하다, 허락하다
• plant 식물

검사를 위해 가방을 열어 주시겠어요?
Can you open your bag for inspection?
캔 유 오픈 유얼 백 포얼 인스펙션

• inspection 검사

Scene 1

mp3 032

직원 **Do you have anything to declare?** [1]
두 유 해브 에니띵 투 디클레얼?

나 **No, nothing.**
노, 너띵.

직원 **Any food or plants?**
에니 푸드 오얼 플랜츠?

나 **No, I only have my personal belongings.** [2]
노, 아이 온리 해브 마이 펄써널 빌롱잉즈.

직원 **You may proceed.**
유 메이 프로씨드.

• proceed 나아가다, (향하여) 가다

직원 신고할 물건이 있습니까? 나 아니요, 아무것도 없어요. 직원 음식이나 식물은요? 나 없어요, 저는 개인 소지품만 가지고 있어요. 직원 가셔도 됩니다.

1 Do you have anything to declare?
세관심사원이 가장 많이 물어보는 질문입니다. declare은 '(세관에 과세 물품을) 신고하다'라는 뜻이며 anything to declare은 '신고할 어떤 것'이라는 의미입니다. 신고할 물건이 딱히 없을 때는 No, I have nothing to declare.(아니요, 신고할 게 없습니다.)라고 대답해도 되지만 간단하게 No, nothing.이라고만 해도 충분합니다.

2 I only have my personal belongings.
only는 '단지, 오직'이라는 의미입니다. I only have ~.라고 하면 '저는 ~만 가지고 있어요'라는 뜻인데, 세관 신고할 게 딱히 없고 간소한 물건만 소지하고 있을 때 사용해 보세요.

◉ 패턴 연습하기 | 다음을 듣고 따라 말해 보세요.

I only have _____. 저는 ~만 가지고 있어요.
아이 온리 해브

my clothes 제 옷
마이 클로즈

some toiletries 세면 도구
썸 토일릿트뤼즈

some souvenirs 기념품
썸 쑤버니얼즈

some duty-free items 면세품
썸 두티 프뤼 아이템즈

some gifts for my family 가족들 선물
썸 기프츠 포얼 마이 패멀리

my carry-on luggage 기내 수하물
마이 캐뤼 온 러기쥐

Scene 2

mp3 033

직원 Are you carrying any food or medicine with you?
알 유 캐링 에니 푸드 오얼 메디쓴 위드 유?

나 Yes, **I'm carrying some household medicine and beef jerky.** [1]
예쓰, 아임 캐링 썸 하우쓰홀드 메디쓴 앤 비프 절키.

직원 **You are not allowed to bring meat products here.** [2]
유 알 낫 얼라웃 투 브링 밋 프로덕츠 히얼.

Do you have a prescription?
두 유 해브 어 프뤼스크륍션?

나 No, these are just over-the-counter medicines.
노, 디즈 알 줘스트 오벌 더 카운털 메디쓴즈.

• jerky 육포   over-the-counter medicine 일반 의약품

직원 음식이나 약을 소지하고 계신가요? **나** 네, 상비약과 소고기 육포를 좀 소지하고 있어요. **직원** 육류 제품은 이곳에 가지고 오는 게 허용되지 않습니다. 처방전은 있습니까? **나** 아니요, 이것들은 그냥 일반 의약품입니다.

---

1 I'm carrying some household medicine and beef jerky.

carry는 '소지하다, 가지고 가다'라는 뜻의 동사로 I'm carrying ~.은 '저는 ~을 소지하고 있어요'라는 뜻입니다. 세관심사원에게 내가 갖고 있는 물건을 말할 때 사용해 보세요.

2 You are not allowed to bring meat products here.

동사 allow는 '허용하다, 허락하다'라는 뜻입니다. 수동태로 쓰인 You are not allowed to + 동사.는 '~하는 것은 허용되지 않습니다', 즉 '~하면 안 됩니다'라는 의미로, 직원이 금지 사항이나 규칙을 정중하게 전달할 때 많이 쓰는 표현입니다.

✚ 패턴 연습하기 | 다음을 듣고 따라 말해 보세요.

I'm carrying some _____. 저는 ~을 좀 소지하고 있어요.
아임 캐링 썸

instant noodles 인스턴트 면류
인스턴트 누들즈

instant rice 즉석 밥
인스턴트 롸이쓰

dried fruit 말린 과일
드라이드 프룻

dairy products 유제품
데어뤼 프로덕츠

canned meat 통조림 고기
캔드 밋

ready-to-cook meals 즉석 조리 식품
뤠디 투 쿡 밀즈

PART 03

숙소에서

여행지에 도착했다면 이제 편히 쉴 수 있는 숙소로 가 볼까요? 체크인해서 방을 배정받고 부대 시설과 제공되는 서비스도 알차게 이용해 봅시다. 체크아웃할 때까지 숙소에서 쾌적하게 지내기 위해 유용한 표현을 익혀 두세요.

- 12 숙소 체크인하기
- 13 원하는 객실 배정받기
- 14 시설과 서비스 이용하기
- 15 객실 문제 해결하기
- 16 숙소 체크아웃하기

숙소에서 흔히 볼 수 있는 영어

(호텔의) 접수처, 프런트

빈방 없음

컨시어지
(고객 맞춤형 서비스를 제공하는 곳)

발레 파킹
(직원이 대신 주차해 주는 서비스)

방을 청소해 주세요.

방해하지 마시오.
(방 청소를 원하지 않을 때 붙이는 팻말)

수영장

피트니스 센터, 헬스장

12 숙소 체크인하기

mp3 034

숙소에 도착하면 프런트로 가서 객실을 배정받기 위해 체크인을 해야 합니다. 체크인 시간보다 일찍 도착했다면 짐을 미리 맡길 수 있는지 문의하세요. 체크인할 때 보증금을 요구하는 숙소도 있으니 다양한 상황에 대응할 수 있도록 표현을 미리 익혀 두세요.

필수 표현 익히기

check in
쳌 인
체크인하다

confirmation
칸펄메이션
(예약) 확인서

have a reservation
해브 어 뤠절베이션
예약되어 있다

vacancy
베이컨씨
빈방, 빈자리

deposit
디파짓
보증금

luggage storage
러기쥐 스토뤼쥐
짐 보관

store *one's* luggage
스톨 원즈 러기쥐
~의 짐을 보관하다

be refunded
비 뤼펀디드
환불되다

fully booked
풀리 북트
예약이 꽉 찬

필수 표현 활용하기

지금 체크인할 수 있나요?
Can I **check in** now?
캔 아이 첵 인 나우

이게 예약 확인서입니다.
This is the **confirmation**.
디쓰 이즈 더 칸펄메이션

지호라는 이름으로 예약되어 있습니다.
I **have a reservation** under the name Jiho.
아이 해브 어 뤠절베이션 언덜 더 네임 지호

• have a reservation under the name [사람 이름]
~라는 이름으로 예약되어 있다

빈방이 있나요?
Do you have any **vacancies**?
두 유 해브 에니 베이컨씨즈

보증금이 얼마입니까?
How much is the **deposit**?
하우 머취 이즈 더 디파짓

Tip 호텔에서는 체크인을 할 때 추가 비용이나 손해에 대비하기 위해 deposit(보증금)을 미리 결제하는 경우가 있습니다.

호텔에 짐 보관이 가능한가요?
Is **luggage storage** available at your hotel?
이즈 러기쥐 스토뤼쥐 어베일러블 앳 유얼 호텔

짐을 보관해 드릴 수 있습니다.
We can **store your luggage**.
위 캔 스톨 유얼 러기쥐

• store 보관하다

보증금은 체크아웃하실 때 환불될 겁니다.
The deposit will **be refunded** at checkout.
더 디파짓 윌 비 뤼펀디드 앳 첵아웃

오늘 밤은 예약이 꽉 찼습니다.
We are **fully booked** tonight.
위 알 풀리 북트 터나잇

• book 예약하다

# Scene 1

mp3 035

나 Hello. I have a reservation under the name Jiho.
헬로. 아이 해브 어 뤠절베이션 언덜 더 네임 지호.

직원 Hello. May I see your passport?
헬로. 메이 아이 씨 유얼 패쓰폴트?

나 Sure. I arrived earlier than expected. **Can I check in now?** [1]
슈얼. 아이 어라이브드 얼리얼 댄 익스펙티드. 캔 아이 첵 인 나우?

직원 I'm sorry, but your room is not ready yet.
아임 쏘뤼, 벗 유얼 룸 이즈 낫 뤠디 옛.

However, **we can store your luggage.** [2]
하우에벌, 위 캔 스톨 유얼 러기쥐.

• earlier 더 일찍 than expected 예상보다 ready 준비가 된

나 안녕하세요. 지호라는 이름으로 예약했어요. 직원 안녕하세요. 여권 좀 볼 수 있을까요? 나 그럼요. 제가 예상보다 일찍 도착했어요. 지금 체크인할 수 있나요? 직원 죄송하지만, 방이 아직 준비가 안 됐어요. 하지만 짐은 보관해 드릴 수 있습니다.

1 Can I check in now?

어떤 시설이나 서비스를 이용하는 것이 지금 바로 가능한지 확인할 때는 '제가 지금 ~할 수 있나요?'라는 뜻의 Can I ~ now?로 물어보면 됩니다. now는 '지금'이란 뜻입니다.

2 We can store your luggage.

호텔에 예상보다 일찍 도착했거나 체크아웃 후에 짐을 잠시 맡길 곳이 필요하다면, 짐 보관 서비스(luggage storage service)를 이용해 보세요. store은 동사로 '보관하다', storage는 명사로 '보관'이라는 뜻입니다. 짐을 맡길 수 있는지 궁금할 때는 Can I store my luggage here?(여기에 짐 맡길 수 있나요?)라고 물어보면 됩니다.

○ 패턴 연습하기 | 다음을 듣고 따라 말해 보세요.

Can I _____ now? 제가 지금 ~할 수 있나요?
캔 아이 / 나우

check out 체크아웃하다
첵 아웃

use the gym 헬스장을 이용하다
유즈 더 쥠

book a massage 마사지를 예약하다
북 어 머싸쥐

extend my stay 숙박을 연장하다
익스텐드 마이 스테이

access the kid's club 키즈 클럽을 이용하다
액쎄스 더 키즈 클럽

request room service 룸서비스를 요청하다
뤼퀘스트 룸 썰비쓰

Scene 2

mp3 036

나 I'd like to check in. This is the confirmation.
아이드 라익 투 첵 인. 디쓰 이즈 더 칸펄메이션.

직원 May I have your passport and credit card for deposit?
메이 아이 해브 유얼 패쓰폴트 앤 크뤠딧 칼드 포얼 디파짓?

나 **How much is the deposit?** [1]
하우 머취 이즈 더 디파짓?

직원 It's 100 dollars. **It will be refunded at checkout.** [2]
잇츠 원 헌드뤠드 달러즈. 잇 윌 비 뤼펀디드 앳 첵아웃.

• credit card 신용카드

나 체크인하고 싶은데요, 이게 예약 확인서입니다. **직원** 여권과 보증금 결제를 위한 신용카드 좀 주시겠어요? **나** 보증금이 얼마죠?
직원 100달러입니다. 체크아웃하실 때 환불될 거예요.

1 How much is the deposit?

가격이 얼마인지 궁금할 때는 How much is ~?(~은 얼마인가요?)를 활용해 보세요. 이 표현을 사용하면 호텔에서 제공하는 각종 서비스의 요금도 확인할 수 있습니다.

2 It will be refunded at checkout.

refund는 '환불하다'라는 뜻의 동사이고, 수동태로 쓴 be refunded는 '환불되다'라는 뜻이 됩니다. 일반적으로 deposit(보증금)은 체크아웃할 때 정산 완료 후 바로 환불되지만, 가끔 1~2주 뒤에 카드 결제가 취소되며 환불되는 경우도 있습니다.

◎ 패턴 연습하기 | 다음을 듣고 따라 말해 보세요.

How much is ⬚ ? ~은 얼마인가요?
하우 머취 이즈

the room rate 객실 요금
더 룸 뤠잇

the breakfast buffet 조식 뷔페
더 브뤡퍼스트 버페이

the early check-in fee 이른 체크인 요금
디 얼리 첵 인 피

the spa treatment 스파 치료
더 스파 트릿먼트

the parking fee 주차 요금
더 팔킹 피

the airport shuttle service 공항 셔틀 서비스
디 에얼포트 셔틀 썰비쓰

13 원하는 객실 배정받기

호텔에는 고객들의 다양한 요구를 맞추기 위해 다양한 종류의 객실을 갖추고 있습니다. 체크인할 때 높은 층이나 조용한 방 등 특정한 객실을 요청할 수도 있습니다. 여행에서 편안한 휴식처가 될 객실을 배정받기 위해 직원에게 원하는 바를 잘 전달해 보세요.

mp3 037

필수 표현 익히기

book a room
북 어 룸
방을 예약하다

higher floor
하이얼 플로얼
더 높은 층

ocean view
오션 뷰
바다 전망

single bed
씽글 베드
싱글 침대, 1인용 침대

room number
룸 넘벌
방 번호

night
나잇
~박 (밤의 횟수)

floor
플로얼
(건물의) 층

room key
룸 키
방 열쇠

upgrade fee
업그뤠이드 피
업그레이드 요금

킹사이즈 침대가 있는 방을 예약했습니다.
I **booked a room** with a king-sized bed.
아이 북트 어 룸 위드 어 킹 사이즈드 베드

• booked
book(예약하다)의 과거형

더 높은 층에 있는 방을 받고 싶어요.
I'd like to get a room on a **higher floor**.
아이드 라익 투 겟 어 룸 온 어 하이얼 플로얼

바다 전망의 방을 받을 수 있나요?
Can I have a room with an **ocean view**?
캔 아이 해브 어 룸 위드 언 오션 뷰

1인용 침대가 있는 방으로 바꿀 수 있나요?
Can I change to a room with a **single bed**?
캔 아이 췌인쥐 투 어 룸 위드 어 씽글 베드

 single bed는 혼자 잘 수 있는 '1인용 침대'를 뜻합니다. 둘이 누워 잘 수 있는 '2인용 침대'는 double bed라고 해요.

제 방 번호가 어떻게 되나요?
What is my **room number**?
왓 이즈 마이 룸 넘벌

여기서 4박 머물 거예요.
I'm staying here for four **nights**.
아임 스테잉 히얼 포얼 포얼 나잇츠

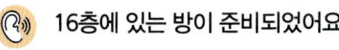

16층에 있는 방이 준비되었어요.
A room on the sixteenth **floor** is ready.
어 룸 온 더 씩스틴뜨 플로얼 이즈 뤠디

 '몇 층에'라고 할 때 'on the + 서수 + floor' 형태로 씁니다. 서수는 first, second, third처럼 순서를 나타내는 말입니다.

여기 방 열쇠입니다.
Here is your **room key**.
히얼 이즈 유얼 룸 키

1박당 20달러의 업그레이드 요금이 있습니다.
There's a twenty-dollar **upgrade fee** per night.
데얼즈 어 트웨니 달럴 업그뤠이드 피 펄 나잇

Scene 1

mp3 038

나 **I'd like to get a room on a higher floor.** [1]
아이드 라익 투 겟 어 룸 온 어 하이얼 플로얼.

직원 Let me check. A room on the sixteenth floor is ready.
렛 미 췍. 어 룸 온 더 씩쓰틴뜨 플로얼 이즈 뤠디.

나 That's great. And **I'd prefer a room away from the elevator.** [2]
댓츠 그뤠잇. 앤 아이드 프뤼펄 어 룸 어웨이 프럼 디 엘러베이럴.

직원 That room is at the end of the hall, so it will be quiet.
댓 룸 이즈 앳 디 엔드 어브 더 홀, 쏘 잇 윌 비 콰이엇.
Here is your room key.
히얼 이즈 유얼 룸 키.

• away from ~에서 떨어진   quiet 조용한

나 더 높은 층에 있는 방을 받고 싶은데요. **직원** 확인해 볼게요. 16층에 방이 준비되었네요. **나** 좋아요. 그리고 엘리베이터에서 떨어진 방이면 더 좋을 것 같아요. **직원** 그 방은 복도 끝에 있어서 조용할 거예요. 여기 방 열쇠입니다.

---

1 I'd like to get a room on a higher floor.
정중하게 원하는 것을 말할 때 I'd like to + 동사.를 사용합니다. 특정 객실을 원할 때는 I'd like to get a room ~. 뒤에 자신이 원하는 조건을 넣어 '저는 ~한 방을 받고 싶어요'라고 요청해 보세요.

2 I'd prefer a room away from the elevator.
prefer은 '더 좋아하다'라는 뜻의 동사입니다. I'd prefer ~.은 '저는 ~을 더 좋아해요'라는 의미인데, 자신이 선호하는 방 타입에 대해 직원에게 부드럽게 전달할 때 사용할 수 있는 표현입니다. I'd는 I would의 축약형으로, would를 넣어 말하면 좀 더 부드럽고 정중한 느낌을 줍니다.

⊙ 패턴 연습하기 | 다음을 듣고 따라 말해 보세요.

I'd like to get a room _____. 저는 ~한 방을 받고 싶어요.
아이드 라익 투 겟 어 룸

near the elevator 엘리베이터 근처인
니얼 디 엘러베이럴

with a balcony 발코니가 있는
위드 어 밸커니

with a bathtub 욕조가 있는
위드 어 배뜨텁

with a city view 도시 전망의
위드 어 씨티 뷰

with a mountain view 산 전망의
위드 어 마운틴 뷰

with a partial sea view 부분 바다 전망의
위드 어 팔셜 씨 뷰

Scene 2

mp3 039

나 **I booked a room with a king-sized bed,** [1]
아이 북트 어 룸 위드 어 킹 싸이즈드 베드,

but my room has two single beds instead.
벗 마이 룸 해즈 투 씽글 베즈 인스테드.

직원 **I apologize for that. I'll change your room right now.**
아이 어팔러좌이즈 포얼 댓. 아일 췌인쥐 유얼 룸 롸잇 나우.

나 **Thank you. Can I have a room with an ocean view?** [2]
땡큐. 캔 아이 해브 어 룸 위드 언 오션 뷰?

직원 **Yes, one's available. There's a twenty-dollar upgrade fee per night.**
예쓰, 원즈 어베일러블. 데얼즈 어 트웨니 달러 업그뤠이드 피 펄 나잇.

• available 이용 가능한

나 제가 킹사이즈 침대가 있는 방을 예약했는데요, 킹사이즈 대신 1인용 침대가 두 개 있어요. **직원** 죄송합니다. 바로 방을 바꿔 드릴게요.
나 감사합니다. 바다 전망의 방을 받을 수 있을까요? **직원** 네, 가능하세요. 1박당 20달러의 업그레이드 요금이 있어요.

---

1 I booked a room with a king-sized bed.

book은 동사로 '예약하다'라는 의미가 있습니다. 그래서 I booked a room with ~.는 '저는 ~이 있는 방을 예약했어요.'라는 뜻이 됩니다. 내가 예약한 방과 실제로 받은 방이 다른 경우, 내가 어떤 방을 예약했는지 설명할 때 쓸 수 있습니다. 또는 체크인하면서 예약 내역을 밝힐 때 써도 좋습니다.

2 Can I have a room with an ocean view?

Can I have a room with ~?도 I'd like to get a room with ~.와 마찬가지로 원하는 객실을 요청할 때 쓸 수 있는 표현입니다. '~이 있는 방을 받을 수 있을까요?'라는 뜻으로, 뒤에 원하는 방 타입을 넣어 주면 됩니다.

◆ 패턴 연습하기 | 다음을 듣고 따라 말해 보세요.

I booked a room with _____. 저는 ~이 있는 방을 예약했어요.
아이 북트 어 룸 위드

- **a single bed** 싱글 침대
  어 씽글 베드

- **a double bed** 더블 침대
  어 더블 베드

- **two twin beds** 트윈 침대 두 개
  투 트윈 베즈

- **a queen-sized bed** 퀸사이즈 침대
  어 퀸 싸이즈드 베드

- **an extra bed** 추가 침대
  언 엑스트뤄 베드

- **a bunk bed** 2층 침대
  어 벙크 베드

14 시설과 서비스 이용하기

호텔에는 수영장, 식당, 헬스장 등 숙박객을 위한 다양한 부대 시설이 있습니다. 또한 객실로 음식을 배달해 주는 룸서비스, 세탁 서비스 등 편안한 숙박을 위해 여러 가지 서비스를 제공합니다. 숙박비가 아깝지 않게 숙소의 시설과 서비스를 마음껏 누려 보세요.

mp3 040

gym
짐
헬스장

front desk
프런트 데스크
프런트, 안내 데스크

parking fee
팔킹 피
주차비

free Wi-Fi
프리 와이파이
무료 와이파이

room service
룸 썰비쓰
룸서비스

make up *one's* room
메익 업 원즈 룸
방을 청소하다

be open 24 hours
비 오픈 트웨니포얼 아월즈
24시간 영업하다

complimentary
캄플러멘터뤼
무료의

breakfast
브뤡퍼스트
조식, 아침 식사

필수 표현 활용하기

헬스장은 어디에 위치해 있나요?

Where is the gym located?

웨얼 이즈 더 짐 로케이티드

• be located 위치하다

제 차를 안내 데스크에서 등록할 수 있나요?

Can I register my car at the front desk?

캔 아이 뤠쥐스털 마이 칼 앳 더 프뤈트 데스크

• register 등록하다

주차비가 있나요?

Is there a parking fee?

이즈 데얼 어 팔킹 피

제 방에서 무료 와이파이를 연결할 수 있나요?

Can I get free Wi-Fi in my room?

캔 아이 겟 프뤼 와이파이 인 마이 룸

룸서비스는 몇 번을 누르면 되나요?

What number do I press for room service?

왓 넘벌 두 아이 프뤠쓰 포얼 룸 썰비쓰

• press 누르다

방 청소 좀 해주시겠어요?

Could you please make up my room?

쿠드 유 플리즈 메익 업 마이 룸

비즈니스 센터는 하루 24시간 영업합니다.

The business center is open 24 hours a day.

더 비즈니쓰 쎈털 이즈 오픈 트웨니포얼 아월즈 어 데이

그건 호텔 투숙객에게는 무료입니다.

It's complimentary for hotel guests.

잇츠 캄플러멘터뤼 포얼 호텔 게스츠

> **Tip** complimentary는 호텔에서 자주 쓰는 단어입니다. 쉽게 free (무료의)라고도 합니다.

조식은 오전 6시에서 10시 사이입니다.

Breakfast is between 6:00 a.m. and 10:00 a.m.

브뤡퍼스트 이즈 비트윈 씩쓰 에이엠 앤 텐 에이엠

Scene 1

나	**Can I get free Wi-Fi in my room?** 캔 아이 겟 프뤼 와이파이 인 마이 룸?
직원	**Yes. Just select Sun Hotel Wi-Fi, and it connects automatically.** 예쓰. 줘스트 씰렉 썬 호텔 와이파이, 앤 잇 커넥츠 어터매티컬리.
나	**Thank you. And where is the gym located?** [1] 땡큐. 앤 웨얼 이즈 더 쥠 로케이티드?
직원	**It's on the tenth floor** [2] **and is open 24 hours a day.** 잇츠 온 더 텐뜨 플로얼 앤 이즈 오픈 트웬티포얼 아월즈 어 데이.

• **select** 선택하다 **connect** 연결하다 **automatically** 자동으로

나 제 방에서 무료 와이파이를 연결할 수 있나요? 직원 네, Sun Hotel Wi-Fi(선 호텔 와이파이)를 선택하시면 자동으로 연결됩니다.
나 감사합니다. 그리고 헬스장은 어디에 위치해 있나요? 직원 10층에 있는데 하루 24시간 영업합니다.

1 Where is the gym located?

be located는 '위치해 있다'라는 뜻입니다. Where is + 장소 + located?는 '~은 어디에 위치해 있나요?' 하고 장소의 위치를 묻는 문장입니다. Where is + 장소?(~은 어디에 있습니까?)와 의미는 비슷하지만, 좀 더 정확한 위치를 물을 때 사용합니다.

2 It's on the tenth floor.

층수를 표현할 때는 'the + 서수 + floor' 구조를 사용합니다. tenth는 '열 번째'를 뜻하는 서수이며, '10층'을 the tenth floor이라고 합니다. 한편 '몇 층에 있다'라고 할 때는 이 앞에 전치사 on을 사용합니다.

○ 패턴 연습하기 | 다음을 듣고 따라 말해 보세요.

Where is the _____ located? ~은 어디에 위치해 있나요?
웨얼 이즈 더/디   로케이티드

restaurant 식당 뤠스터뤈트	**fitness center** 헬스장 피트니쓰 쎈털	**elevator** 엘리베이터 엘러베이럴
spa 스파, 온천 스파	**swimming pool** 수영장 스위밍 풀	**concierge desk** 컨시어지 데스크 칸씨얼쥐 데스크
lounge 라운지, 휴게실 라운쥐	**gift shop** 선물 가게 기프트 샵	**business center** 비즈니스 센터 비즈니쓰 쎈털

Scene 2

mp3 042

나	I have a rental car. Is there a parking fee?
	아이 해브 어 뤤틀 칼. 이즈 데얼 어 팔킹 피?
직원	It's complimentary for hotel guests.
	잇츠 캄플러멘터뤼 포얼 호텔 게스츠.
	Please register your car at the front desk.
	플리즈 뤠쥐스털 유얼 칼 앳 더 프런트 데스크.
나	Great! By the way, **what time does breakfast finish?** [1]
	그뤠잇! 바이 더 웨이, 왓 타임 더즈 브뤡퍼스트 피니쉬?
직원	**Breakfast is between 6:00 a.m. and 10:00 a.m.** [2]
	브뤡퍼스트 이즈 비트윈 씩스 에이엠 앤 텐 에이엠.

• rental car 렌터카

나 저한테 렌터카가 있는데요. 주차비가 있을까요? 직원 호텔 투숙객에게는 무료입니다. 안내 데스크에서 차량을 등록해 주세요.
나 좋네요! 그런데 조식은 몇 시에 끝나나요? 직원 조식은 오전 6시에서 10시 사이입니다.

1 What time does breakfast finish?

시간을 물을 때 What time(몇 시)을 사용합니다. finish는 '끝나다'라는 의미인데, What time does ~ finish? 라고 물으면 '~은 몇 시에 끝나나요?'라는 뜻이 됩니다. 반대로 몇 시에 시작되는지 궁금하면 start(시작하다)를 활용해 What time does ~ start?라고 물어보세요.

2 Breakfast is between 6:00 a.m. and 10:00 a.m.

between A and B는 'A에서 B 사이'라는 뜻으로 시간의 범위나 장소의 위치를 나타낼 때 많이 사용하는 표현입니다. between 6:00 a.m. and 10:00 a.m.은 '오전 6시에서 10시 사이'라는 뜻이 됩니다. 참고로 오전 시간은 a.m., 오후 시간은 p.m.이란 약자를 시간 뒤에 붙여 나타냅니다.

◎ 패턴 연습하기 | 다음을 듣고 따라 말해 보세요.

What time does ⬚ finish? ~은 몇 시에 끝나나요?
왓 타임 더즈   피니쉬

the lunch buffet 점심 뷔페
더 런취 버페이

the fireworks show 불꽃놀이 쇼
더 파이얼웤쓰 쇼

happy hour (술집의) 할인 시간대
해피 아월

room service 룸서비스
룸 썰비쓰

the shuttle service 셔틀버스 서비스
더 셔틀 썰비쓰

housekeeping service 방 청소 서비스
하우쓰키핑 썰비쓰

15 객실 문제 해결하기

숙소에 묵는 동안 비치된 물건이 부족하거나 객실 내 시설이 고장 나는 등 예기치 않는 문제가 발생할 수 있습니다. 이때 호텔 직원에게 어떻게 문제를 설명하고 상황을 해결할 수 있는지 익혀 봅시다.

 mp3 043

 필수 표현 익히기

towel
타월
수건

toilet paper
토일릿 페이펄
두루마리 휴지

air conditioner
에얼 컨디셔널
에어컨

be clogged
비 클록드
막히다

bad smell
배드 스멜
악취, 나쁜 냄새

loud
라우드
시끄러운, 소리가 큰

leave *one's* key
리브 원즈 키
열쇠를 두고 오다

technician
테크니션
기술자

another room
어너덜 룸
다른 방

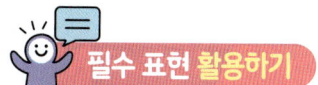

수건을 더 받을 수 있을까요?

Can I get more towels, please?
캔 아이 겟 모얼 타월즈 플리즈

제 방에 두루마리 휴지가 없어요.

There's no toilet paper in my room.
데얼즈 노 토일릿 페이펄 인 마이 룸

제 방 에어컨이 작동을 안 해요.

The air conditioner in my room is not working. • work 작동하다
디 에얼 컨디셔널 인 마이 룸 이즈 낫 월킹

배수구가 머리카락으로 막혔어요.

The drain is clogged with hair.
더 드뤠인 이즈 클록드 위드 헤얼

• drain 배수구
• clog 막히게 하다

화장실에서 악취가 나요.

There is a bad smell in the bathroom.
데얼 이즈 어 배드 스멜 인 더 배뜨룸

옆 방 TV 소리가 너무 커요.

The TV in the next room is too loud.
더 티비 인 더 넥쓰트 룸 이즈 투 라우드

Tip) '사람이 시끄럽다'고 할때는 loud 보다는 noisy(시끄러운)를 씁니다.

방에 열쇠를 두고 왔어요.

I left my key in my room.
아이 레프트 마이 키 인 마이 룸

• left
leave(두고 오다)의 과거형

기술자를 보내서 확인해 보라고 할게요.

I'll ask the technician to check it.
아일 애스크 더 테크니션 투 췍 잇

다른 방을 드릴게요.

We will give you another room.
위 윌 기브 유 어너덜 룸

Scene 1

mp3 044

나 **The air conditioner in my room is not working.** ¹
디 에얼 컨디셔널 인 마이 룸 이즈 낫 월킹.

직원 **I'm sorry for the inconvenience. I'll ask the technician to check it.**
아임 쏘뤼 포얼 디 인컨비니언쓰. 아일 애스크 더 테크니션 투 췍 잇.

나 **How long will it take?** ²
하우 롱 윌 잇 테익?

직원 **It will take around 20 minutes.**
잇 윌 테익 어롸운드 트웬티 미닛츠.

If it takes longer, we will give you another room.
이프 잇 테익스 롱걸, 위 윌 기브 유 어너덜 룸.

• inconvenience 불편

나 제 방 에어컨이 작동을 안 해요. 직원 불편을 끼쳐드려서 죄송합니다. 기술자에게 확인해 보라고 요청할게요. 나 얼마나 걸릴까요?
직원 20분 정도 걸릴 거예요. 만약 더 오래 걸린다면, 다른 방을 제공해 드리겠습니다.

---

1 The air conditioner in my room is not working.

work는 '작동하다'라는 뜻이라서 is not working은 '작동을 안 하고 있다', 즉 '고장 났다'라는 의미가 됩니다. don't/doesn't work와 같은 의미인데, 현재진행형으로 쓰면 지금 동작을 멈춘 상태라는 사실을 강조할 수 있습니다.

2 How long will it take?

how long은 '얼마나 오래'라는 뜻입니다. 고장 난 물건을 수리받거나, 음식을 기다리거나, 옷 수선을 기다리는 등 다양한 상황에서 시간이 얼마나 걸리는지 물을 때 사용하는 표현입니다.

○ 패턴 연습하기 | 다음을 듣고 따라 말해 보세요.

The [_____] is not working. ~이 고장 났어요.
더/디　　　　　　　　　　　　　이즈 낫 월킹

hair dryer 헤어 드라이어
헤얼 드라이얼

shower 샤워기
샤월

refrigerator 냉장고
뤼프뤼줘레이럴

heater 히터, 난방 장치
히럴

sink 세면대
씽크

TV 텔레비전
티뷔

Wi-Fi 와이파이
와이파이

toilet 변기
토일릿

kettle 커피 포트
케를

Scene 2

mp3 045

나 Hello. **I left my key in my room.** [1]
헬로. 아이 레프트 마이 키 인 마이 룸.

Can you give me a new one?
캔 유 기브 미 어 누 원?

직원 Of course. May I have your room number?
오브 콜쓰. 메이 아이 해브 유얼 룸 넘벌?

나 It's 505. In addition, **can I get more towels, please?** [2]
잇츠 파이브 오 파이브. 인 어디션, 캔 아이 겟 모얼 타월즈, 플리즈?

직원 Sure. You can use this key card, and here are three more towels.
슈얼. 유 캔 유즈 디쓰 키 칼드, 앤 히얼 알 뜨뤼 모얼 타월즈.

• key card 객실 카드키

나 안녕하세요. 제 방에 열쇠를 두고 왔어요. 새 열쇠를 주실 수 있나요? 직원 물론입니다. 방 번호가 어떻게 되시죠? 나 505호입니다. 추가로 수건을 더 받을 수 있을까요? 직원 그럼요. 이 카드키를 사용하시면 되고, 여기 수건 세 장 더 드릴게요.

1 I left my key in my room.

left는 leave(두고 오다)의 과거형입니다. I left + 물건 + 장소.는 '제가 (물건)을 (장소)에 두고 왔어요'라는 뜻입니다. 열쇠를 두고 나와서 방에 못 들어간다는 의미로 I'm locked out.이라고도 합니다.

2 Can I get more towels, please?

Can I get + 물건?은 '제가 ~을 받을 수 있을까요?'라는 뜻인데, 물건 앞에 more(더)을 넣어서 '제가 ~을 더 받을 수 있을까요?' 하고 추가로 물품을 요청할 수 있습니다. 맨 뒤에 please를 넣으면 더 정중한 표현이 되지요. 기본으로 제공된 물품이 부족해서 더 필요할 때 이 표현으로 요청해 보세요.

◎ 패턴 연습하기 | 다음을 듣고 따라 말해 보세요.

Can I get more _____, please? ~을 더 받을 수 있을까요?
캔 아이 겟 모얼   플리즈

soap 비누
쏘프

tissues 휴지
티슈즈

toothbrushes 칫솔
투뜨브뤄쉬즈

shampoo 샴푸
샴푸

hangers 옷걸이
행얼즈

toothpaste 치약
투뜨페이스트

conditioner 컨디셔너
컨디셔널

bathrobes 목욕 가운
배뜨롭스

drinking water 생수
드륑킹 워럴

16 숙소 체크아웃하기

호텔 마지막 날에는 체크아웃을 하면서 방 열쇠를 반납해야 합니다. 호텔 서비스를 이용했 거나 미니바를 사용했다면 그 비용도 지불해야 하지요. 늦잠을 잤거나 그날의 일정을 천천 히 시작하고 싶다면 추가 요금을 내고 늦게 체크아웃할 수도 있습니다.

mp3 046

필수 표현 익히기

check out
쳌 아웃
체크아웃하다

check out late
쳌 아웃 레잇
늦게 체크아웃하다

late checkout fee
레잇 쳌아웃 피
늦은 체크아웃 요금

parking garage
팔킹 거롸쥐
주차장 (빌딩)

laundry
런드뤼
세탁물, 빨래

room service bill
룸 썰비쓰 빌
룸서비스 청구서

service charge
썰비쓰 촬쥐
봉사료, 서비스 요금

minibar
미니발
미니바

valet
밸레이
주차원

필수 표현 활용하기

체크아웃할 준비가 되었어요.
I'm ready to check out.
아임 뤠디 투 첵 아웃

오후 2시에 늦게 체크아웃하는 게 가능할까요?
Is it possible to check out late at 2:00 p.m.?
이즈 잇 파써블 투 첵 아웃 레잇 앳 투 피엠

늦은 체크아웃 요금이 있나요?
Is there a late checkout fee?
이즈 데얼 어 레잇 첵아웃 피

• fee 요금

주차장에서 제 차를 가져오고 싶어요.
I want to get my car from the parking garage.
아이 원투 겟 마이 칼 프럼 더 팔킹 거롸쥐

아직 제 세탁물을 못 받았어요.
I haven't received my laundry yet.
아이 해븐트 뤼씨브드 마이 런드뤼 옛

이건 제 룸서비스 청구서가 아닌데요.
This isn't my room service bill.
디쓰 이즌트 마이 룸 썰비쓰 빌

그건 봉사료 20퍼센트입니다.
That's a 20% service charge.
댓츠 어 트웨니 펄쎈트 썰비쓰 촬쥐

Tip service charge는 '서비스에 대한 추가 비용'으로 팁과 비슷한 개념인데, 계산서에 자동 청구되기도 합니다.

미니바에서 뭐 사용하셨나요?
Did you use anything from the minibar?
디드 유 유즈 에니띵 프럼 더 미니발

주차원에게 손님 차를 가져오라고 요청할게요.
I'll request that the valet bring your car.
아일 뤼퀘스트 댓 더 밸레이 브링 유얼 칼

Tip valet는 고객의 차량을 대신 주차하고 가져오는 '발레 파킹 서비스 담당자'를 말합니다.

 **Scene 1**

mp3 047

나	**I'm ready to check out.** [1] Here is my room key.
	아임 뤠디 투 첵 아웃. 히얼 이즈 마이 룸 키.
직원	Thank you. **Did you use anything from the minibar?** [2]
	땡큐. 디드 유 유즈 에니띵 프럼 더 미니발?
나	Nothing. And I want to get my car from the parking garage.
	너띵. 앤 아이 원투 겟 마이 칼 프럼 더 팔킹 거롸쥐.
직원	Sure. I'll request that the valet bring your car.
	슈얼. 아일 뤼퀘스트 댓 더 밸레이 브링 유얼 칼.
나	Thank you. I'll wait right here.
	땡큐. 아일 웨잇 롸잇 히얼.

나 체크아웃할 준비가 되었어요. 여기 방 열쇠요. **직원** 감사합니다. 미니바에서 뭐 사용하셨나요? **나** 아니요. 그리고 주차장에서 제 차를 가져오고 싶어요. **직원** 네, 제가 주차원에게 손님 차를 가져오라고 요청하겠습니다. **나** 감사합니다. 여기서 기다릴게요.

1 I'm ready to check out.

I'm ready to + 동사.는 '저는 ~할 준비가 되었어요'라는 뜻입니다. 주문을 하거나 서비스를 요청하면서 직원에게 내가 준비가 되었음을 알려줄 때 사용합니다.

2 Did you use anything from the minibar?

minibar(미니바)는 음료수, 간식, 술 등이 준비된 '객실 내의 작은 냉장고나 공간'을 말합니다. 체크아웃할 때 이용 요금을 계산하는 게 일반적이므로 직원이 이렇게 사용 여부를 확인합니다. 물건을 센서로 감지해 자동으로 요금을 청구하는 경우도 있습니다. 간혹 무료 서비스로 제공하는 경우도 있으니 사용 전에 미리 Are the drinks in the minibar complimentary?(미니바에 있는 음료는 무료인가요?)라고 확인해 보세요.

◎ 패턴 연습하기 | 다음을 듣고 따라 말해 보세요.

I'm ready to _____. ~할 준비가 되었어요.
아임 뤠디 투

- **check in** 체크인하다
  첵 인
- **pay my bill** 계산하다
  페이 마이 빌
- **order room service** 룸서비스를 주문하다
  올덜 룸 썰비쓰
- **have my room cleaned** 방 청소를 받다
  해브 마이 룸 클린드
- **change rooms** 방을 바꾸다
  췌인쥐 룸즈
- **go to my room** 내 방으로 가다
  고우 투 마이 룸

Scene 2

mp3 048

나 Hello. **Is it possible to check out late at 2:00 p.m.?** [1]
헬로. 이즈 잇 파써블 투 첵 아웃 레잇 앳 투 피엠?

직원 Yes, but there is a late checkout fee of 70 dollars.
예쓰, 벗 데얼 이즈 어 레잇 첵아웃 피 어브 쎄븐티 달럴즈.

나 I'll pay that. By the way, **I haven't received my laundry yet.** [2]
아일 페이 댓. 바이 더 웨이, 아이 해븐트 뤼씨브드 마이 런드뤼 옛.

직원 I'm sorry about that. Let me check with the laundry service.
아임 쏘뤼 어바웃 댓. 렛 미 첵 위드 더 런드뤼 썰비쓰.

나 Thanks.
땡쓰.

• pay 지불하다

나 안녕하세요. 오후 2시에 늦게 체크아웃하는 게 가능할까요? **직원** 네, 하지만 70달러의 늦은 체크아웃 요금이 있습니다. **나** 지불할게요. 그나저나 제가 아직 세탁물을 못 받았는데요. **직원** 죄송합니다. 제가 세탁 서비스에 확인해 보겠습니다. **나** 감사합니다.

---

1 Is it possible to check out late at 2:00 p.m.?

possible은 '가능한'이라는 뜻인데 Is it possible to + 동사?는 '~하는 것이 가능할까요?'라고 가능 여부를 문의할 때 사용할 수 있습니다. Can I + 동사?(제가 ~할 수 있나요?)와 비슷한 의미입니다. 어떤 서비스가 가능한지 확인이 필요할 때 사용해 보세요.

2 I haven't received my laundry yet.

receive는 '받다, 수령하다'라는 뜻의 동사입니다. I haven't received ~ yet.은 '저는 아직 ~을 받지 못했습니다'라는 뜻으로, 서비스가 지연되어 받아야 하는 물품을 못 받은 상황에서 사용할 수 있습니다.

♦ 패턴 연습하기 | 다음을 듣고 따라 말해 보세요.

Is it possible to _____ ? ~하는 것이 가능할까요?
이즈 잇 파써블 투

check in early 일찍 체크인하다
첵 인 얼리

upgrade my room 방을 업그레이드하다
업그뤠이드 마이 룸

add breakfast 조식을 추가하다
애드 브뤡퍼스트

use the gym at night 밤에 헬스장을 이용하다
유즈 더 짐 앳 나잇

get an extra key 보조 열쇠를 받다
겟 언 엑스트뤄 키

switch to a nonsmoking room 금연 객실로 변경하다
스위치 투 어 난스모킹 룸

PART 04 쇼핑할 때

여행지에서의 쇼핑은 이색적인 물건을 고르는 즐거움이 있어 색다른 묘미를 느낄 수 있습니다. 쇼핑할 때 자주 겪는 상황에서 사용하는 표현을 익혀서 더욱 즐겁고 편안하게 쇼핑을 즐겨 보세요.

17 가게 둘러보기
18 제품 문의하기
19 가격 알아보기
20 계산하기
21 교환 및 환불하기

쇼핑할 때 흔히 볼 수 있는 영어

영업 중

영업 종료

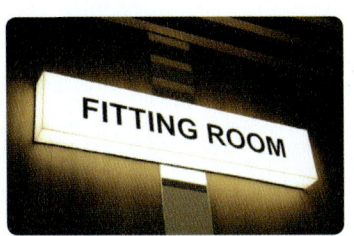
탈의실

계산원
(계산대를 나타내는 표지판)

재고 정리 세일

현금만 가능

하나 사면 하나 무료

최대 50% 할인 판매

17 가게 둘러보기

가게에 들어가면 점원에게 찾고 있는 물건을 설명하며 도움을 요청할 수 있습니다. 딱히 사고 싶은 물건이 없거나 좀 더 물건을 살펴보고 싶다면, 구경 중이라고 점원에게 말하면 됩니다.

mp3 049

필수 표현 익히기

look for
룩 포얼
~을 찾다

look around
룩 어롸운드
둘러보다, 구경하다

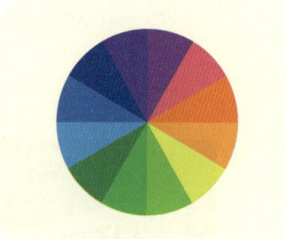
color
컬럴
색깔

business hours
비즈니쓰 아월즈
영업시간

section
쎅션
(건물의) 구역, 코너

store
스톨
가게

browse
브라우즈
둘러보다, 훑어보다

sale
쎄일
세일, 판매

flea market
플리 말킷
벼룩시장

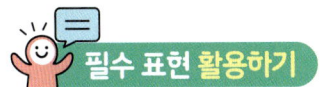

 이 스웨터 작은 사이즈를 찾고 있어요.

I'm **looking for** this sweater in a small size.

아임 룩킹 포얼 디쓰 스웨럴 인 어 스몰 싸이즈

그냥 구경 중이에요.

I'm just **looking around**.

아임 줘스트 루킹 어롸운드

여기 있는 색이 다인가요?

Are these the only **colors** you have?

알 디즈 디 온리 컬럴즈 유 해브

영업시간이 어떻게 되나요?

What are your **business hours**?

왓 알 유얼 비즈니쓰 아월즈

> Tip 흔히 가게 표지판에는 open(영업 중), closed(영업 종료)로 영업시간이 표시되어 있습니다.

신발 코너가 어디에 있죠?

Where is the shoe **section**?

웨얼 이즈 더 슈 쎅션

이 쇼핑몰에 주류점이 있나요?

Is there a liquor **store** in this shopping mall?

이즈 데얼 어 리컬 스톨 인 디쓰 샤핑 몰

> Tip liquor store은 맥주, 와인, 위스키 등 다양한 종류의 술을 파는 '주류점'을 가리킵니다.

 편하게 둘러보세요.

Feel free to **browse**.

필 프뤼 투 브라우즈

• Feel free to 동사.
편하게 ~하세요.

세일 중입니다.

We're having a **sale**.

위얼 해빙 어 쎄일

벼룩시장은 주말마다 열립니다.

The **flea market** is open every weekend.

더 플리 말킷 이즈 오픈 에브리 위켄드

• every ~마다

Scene 1

mp3 050

나 **Excuse me.**
익쓰큐즈 미.

I'm looking for this sweater in a small size. 1
아임 루킹 포얼 디쓰 스웨럴 인 어 스몰 싸이즈.

점원 **I'll check for you.**
아일 첵 포얼 유.

나 **Thank you. And are these the only colors you have?** 2
땡큐. 앤 알 디즈 디 온리 컬럴즈 유 해브?

점원 **We also have it in black, green, and pink.**
위 올쏘 해브 잇 인 블랙, 그륀, 앤 핑크.

• **black** 검은색 **green** 초록색 **pink** 분홍색

나 실례합니다. 이 스웨터 작은 사이즈를 찾고 있는데요. **점원** 제가 확인해 볼게요. **나** 감사합니다. 그리고 여기 있는 색이 다인가요?
점원 검은색, 초록색, 분홍색도 있어요.

1 I'm looking for this sweater in a small size.

look for은 '~을 찾다'라는 뜻입니다. 쇼핑할 때 찾는 제품이 있다면 I'm looking for ~.(저는 ~을 찾고 있습니다.) 뒤에 물건 이름을 넣어 말해 보세요. 문장 끝에 in a small size(작은 사이즈로) 같은 표현을 넣어 해당 사이즈 제품을 달라고 말할 수도 있습니다.

2 Are these the only colors you have?

어떤 제품이 마음에 들었지만 다른 색상은 없는지 궁금할 때 이렇게 물어볼 수 있습니다. Do you have this in other colors?(이거 다른 색은 없나요?)라고 해도 좋습니다. 원하는 색이 있다면 Do you have this in red?(이거 빨간색 있어요?)처럼 구체적으로 물어보세요.

❂ 패턴 연습하기 | 다음을 듣고 따라 말해 보세요.

I'm looking for _____. 저는 ~을 찾고 있어요.
아임 룩킹 포얼

a T-shirt 티셔츠 어 티 셜트	**a necklace** 목걸이 어 네클러스	**some earrings** 귀걸이 썸 이얼링즈
a vest 조끼 어 베스트	**a wallet** 지갑 어 월릿	**some sneakers** 운동화 썸 스니컬즈
a hoodie 후드티 어 후디	**an umbrella** 우산 언 엄브렐러	**some souvenirs** 기념품 썸 쑤버니얼즈

Scene 2

mp3 051

점원 May I help you?
메이 아이 헬프 유?

나 No, thank you. **I'm just looking around.** ¹
노, 땡큐. 아임 줘스트 루킹 어롸운드.

점원 Feel free to browse. We're having a sale.
필 프뤼 투 브롸우즈. 위얼 해빙 어 쎄일.

나 That's good. **Where is the shoe section?** ²
댓츠 굿. 웨얼 이즈 더 슈 쎅션?

점원 It's on the third floor.
잇츠 온 더 떨드 플로얼.

• the third floor 3층

점원 도와드릴까요? **나** 괜찮습니다. 그냥 구경 중이에요. **점원** 편하게 둘러보세요. 세일 중입니다. **나** 좋네요. 신발 코너가 어디에 있죠?
점원 3층에 있습니다.

---

1 I'm just looking around.
look around는 '둘러보다, 구경하다'라는 뜻입니다. 딱히 사려는 물건이 없는데 점원이 말을 건다면 위의 문장으로 구경 중이라고 말해 보세요. browse(둘러보다)도 비슷한 뜻이라 I'm just browsing.이라고 말해도 같은 뜻이 됩니다.

2 Where is the shoe section?
큰 규모의 쇼핑몰에서 살펴보고 싶은 매장이 있을 때는 Where is the ~ section?(~코너/구역이 어디인가요?)으로 매장의 위치를 물어보세요. section(구역) 앞에 제품이나 품목 이름을 넣으면 됩니다.

○ 패턴 연습하기 | 다음을 듣고 따라 말해 보세요.

Where is the ⬚ section? ~ 코너는 어디에 있나요?
웨얼 이즈 더/디   쎅션

accessories 액세서리
액쎄써뤼즈

electronics 전자제품
일렉트롸닉스

women's 여성복
위민즈

cosmetics 화장품
카즈메틱스

sportswear 스포츠웨어
스폴츠웨얼

men's 남성복
멘즈

grocery 식료품
그로써뤼

clothing 의류
클로딩

kids' 아동복
키즈

18 제품 문의하기

마음에 드는 제품을 발견했다면 구매하기 전에 나에게 어울리는지, 사이즈가 맞는지 먼저 확인해 보세요. 만족스러운 쇼핑이 될 수 있도록 점원에게 제품에 대해 자세히 문의하는 표현을 익혀 둡시다.

mp3 052

필수 표현 익히기

try on
트라이 온
입어 보다, 착용해 보다

prefer
프뤼펄
선호하다, 더 좋아하다

size
싸이즈
사이즈

different style
디퍼륀트 스타일
다른 스타일

just right
줘스트 롸잇
딱 맞는, 딱 좋은

popular
파퓰럴
인기 있는

fitting room
피팅 룸
탈의실

out of stock
아웃 어브 스탁
재고가 없는

sample
쌤플
샘플, 견본품

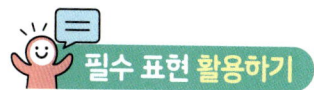 필수 표현 활용하기

이 바지 입어 봐도 될까요?
Can I try these pants on?
캔 아이 트라이 디즈 팬츠 온

저는 어두운 색을 선호해요.
I prefer dark colors.
아이 프뤼펄 달크 컬럴즈

• dark (색이) 짙은, 어두운

8사이즈가 필요해요.
I need a size 8.
아이 니드 어 싸이즈 에잇

Tip 특정한 사이즈를 나타낼 때 'a size + 숫자'로 표기합니다. 참고로 '한 사이즈 작게/크게'는 a size up/down이라고 합니다.

다른 스타일 좀 봐도 될까요?
May I see some others in a different style?
메이 아이 씨 썸 아덜즈 인 어 디퍼뤈트 스타일

이 스타일이 딱 좋네요.
This style is just right.
디쓰 스타일 이즈 줘스트 롸잇

Tip 점원이 사이즈나 색깔, 스타일이 어떤지 물었을 때 마음에 들었다면 It's just right.이라고 답해 보세요.

가장 인기 있는 모델이 뭐예요?
What's the most popular model?
왓츠 더 모스트 파퓰럴 마들

탈의실은 저쪽에 있습니다.
The fitting room is over there.
더 피팅 룸 이즈 오벌 데얼

그 색깔은 재고가 없어요.
That color is out of stock.
댓 컬럴 이즈 아웃 어브 스탁

• stock 재고

샘플 써 보시겠어요?
Would you like to try a sample?
우드 유 라익 투 트라이 어 쌤플

• try 써 보다, 해 보다

Scene 1

mp3 053

나 **Can I try these pants on?** [1]
캔 아이 트라이 디즈 팬츠 온?

점원 Of course. The fitting room is over there.
어브 콜스. 더 피팅 룸 이즈 오벌 데얼.

나 Can I take four items into the fitting room?
캔 아이 테익 포얼 아이텀즈 인투 더 피팅 룸?

점원 I'm sorry, but **you can take up to three items.** [2]
아임 쏘뤼, 벗 유 캔 테익 업 투 뜨뤼 아이텀즈.

나 Okay. Thank you.
오케이. 땡큐.

• item 물품, 품목 up to ~까지

나 이 바지 입어 봐도 될까요? 점원 그럼요. 탈의실은 저쪽에 있어요. 나 탈의실에 네 벌 갖고 갈 수 있나요? 점원 죄송하지만, 세 벌까지 가져가실 수 있어요. 나 그렇군요. 감사합니다.

1 Can I try these pants on?

try on은 '(옷을) 입어 보다, (신발을) 신어 보다, (모자를) 써 보다, (액세서리를) 해 보다' 등 어떤 물건을 몸에 착용해 본다는 의미입니다. 목적어가 try와 on 사이에 오기 때문에 '~을 착용해 봐도 될까요?'라는 질문은 Can I try + 목적어(물건) + on? 형태로 물어봅니다. 참고로 pants(바지)는 항상 복수형으로 쓰는 단어입니다. 따라서 '이 바지'라고 할 때는 복수형 앞에 붙이는 these를 사용해 these pants라고 합니다.

2 You can take up to three items.

up to는 '~까지'라는 뜻입니다. 탈의실에 가지고 들어가는 옷의 개수나 상품 구매 개수에 제한이 있을 때 '몇 개까지 가능하다'라는 의미로 점원이 이 표현을 써서 말할 수 있습니다.

◯ **패턴 연습하기** | 다음을 듣고 따라 말해 보세요.

Can I try _____ on? ~을 착용해 봐도 될까요?
캔 아이 트라이   온

this hat 이 모자
디쓰 햇

these sunglasses 이 선글라스
디즈 썬글래씨즈

this ring 이 반지
디쓰 륑

these shoes 이 신발
디즈 슈즈

this backpack 이 배낭
디쓰 백팩

a few pairs of jeans 청바지 몇 벌
어 퓨 페얼즈 어브 쥔즈

Scene 2

mp3 054

점원　How is this skirt? It's one of our bestsellers.
하우 이즈 디쓰 스컬트? 잇츠 원 어브 아월 베스트셀럴즈.

나　This style is just right, but **I prefer dark colors.** [1]
디쓰 스타일 이즈 줘스트 롸잇, 벗 아이 프뤼펄 닥크 컬럴즈.

　　Do you have it in navy?
　　두 유 해브 잇 인 네이비?

점원　I'm sorry, but **that color is out of stock.** [2]
아임 쏘뤼, 벗 댓 컬럴 이즈 아웃 오브 스탁.

나　Okay, I'll look around a bit more.
오케이, 아일 룩 어롸운드 어 빗 모얼.

• navy 남색　a bit more 조금 더

점원 이 치마 어떠세요? 가장 잘 팔리는 제품 중 하나예요. 나 이 스타일은 딱 좋은데 전 어두운 색을 선호해요. 그거 남색으로 있어요?
점원 죄송한데, 그 색깔은 품절이에요. 나 알겠습니다. 좀 더 둘러볼게요.

---

1 I prefer dark colors.

prefer은 '더 좋아하다, 선호하다'라는 뜻으로, 색깔과 사이즈 등 내 취향을 설명할 때 활용하면 좋은 단어입니다. 참고로 'A를 B보다 선호하다'는 I prefer *A* to *B*.라고 합니다. 예를 들어 I prefer dark colors to light colors.(저는 밝은색보다 어두운색을 선호해요.)처럼 씁니다.

2 That color is out of stock.

be out of는 '~이 다 떨어지다', stock은 '재고'라는 뜻입니다. 그래서 be out of stock은 '재고가 다 떨어지다'라는 뜻이 됩니다. We're out of stock.(재고가 없습니다.)이라고 말할 수도 있습니다. 참고로 be sold out도 '다 팔리다'라는 뜻이라 That color is sold out.(그 색깔은 다 팔렸습니다.)이라고 말하기도 합니다.

✪ 패턴 연습하기 | 다음을 듣고 따라 말해 보세요.

I prefer _____. 저는 ~을 선호해요.
아이 프뤼펄

cotton products 면 제품
코튼 프로덕츠

a looser fit 더 넉넉한 핏
어 루절 핏

a round neckline 둥근 목 라인
어 롸운드 넥라인

a shorter length 더 짧은 길이
어 숄럴 렝뜨

lightweight clothes 가벼운 옷
라잇웨잇 클로즈

lighter colors 더 밝은 색깔
라이럴 컬럴즈

19 가격 알아보기

갖고 싶은 물건을 발견했다면 가격이 얼마인지 알아봐야겠지요. 가격을 확인해 보고, 너무 비싸다면 할인을 받을 방법이 있는지 문의해 보세요. 여러 개를 구입하면 할인되는 경우도 있습니다.

mp3 055

필수 표현 익히기

how much
하우 머취
(가격이) 얼마

price
프라이쓰
가격

tax
택쓰
세금

total
토를
합계, 총액

expensive
익쓰펜씨브
비싼

discount
디스카운트
할인

buy in bulk
바이 인 벌크
대량으로 구매하다

free
프뤼
무료로, 무료의

checkout
췌아웃
(슈퍼마켓의) 계산대

이 카드 지갑은 얼마예요?

How much is this card holder?

하우 머취 이즈 디쓰 칼드 홀덜

• card holder 카드 지갑

이 초콜릿 박스는 가격이 얼마예요?

What's the **price** of this chocolate box?

왓츠 더 프롸이쓰 어브 디쓰 촤클릿 박쓰

가격에 세금이 포함되어 있나요?

Does the price include **tax**?

더즈 더 프롸이쓰 인클루릇 택쓰

Tip 가격표에 명시된 가격에 대해 세금이 별도로 붙는 나라도 있습니다. 물건 구매 시 주의하세요.

전부 해서 얼마죠?

What is the **total**?

왓 이즈 더 토를

너무 비싸요.

It's too **expensive**.

잇츠 투 익쓰펜씨브

이거 할인해 주실 수 있어요?

Can you give me a **discount** on this?

캔 유 기브 미 어 디스카운트 온 디쓰

대량으로 구매하면 더 싼가요?

If I **buy in bulk**, are they cheaper?

이프 아이 바이 인 벌크 알 데이 취펄

• cheaper 더 싼

 두 개 사시면 한 개는 무료입니다.

If you buy two, you can get one **free**.

이프 유 바이 투 유 캔 겟 원 프뤼

계산대에서 세금이 추가됩니다.

Tax will be added at **checkout**.

택쓰 윌 비 애디드 앳 쳌아웃

• add 추가하다

Scene 1

mp3 056

나 **What's the price of this chocolate box?** [1]
왓츠 더 프라이쓰 어브 디쓰 촤클릿 박쓰?

점원 **It's 15 dollars per box.**
잇츠 피프틴 달러즈 펄 박쓰.

If you buy two, you can get one free. [2]
이프 유 바이 투, 유 캔 겟 원 프뤼.

나 **Does the price include tax?**
더즈 더 프라이쓰 인클룻 택쓰?

점원 **No, tax will be added at checkout.**
노, 택쓰 윌 비 애디드 앳 췌카웃.

• per ~당

나 이 초콜릿 박스는 가격이 얼마예요? 점원 한 박스에 15달러입니다. 두 개 사시면 하나는 무료예요. 나 가격이 세금 포함인가요? 점원 아니요, 세금은 계산대에서 추가됩니다.

---

1 What's the price of this chocolate box?

price는 '가격'이라는 뜻입니다. What's the price of this ~?는 '이 ~의 가격은 얼마인가요?' 하고 제품의 가격을 묻는 표현입니다. How much is this ~?와 같은 의미입니다.

2 If you buy two, you can get one free.

이 문장은 '두 개를 사면 하나는 공짜이다'라는 뜻인데, 한국에서 많이 쓰는 '투 플러스 원'은 사용하지 않는 표현이니 주의하세요. 가게 광고 문구로 Buy 2, get 1 free!가 많이 사용됩니다. 참고로 '원 플러스 원'이라는 광고 문구는 Buy one, get one free!라고 표현하는데, 앞 글자만 따서 BOGO라고 줄여 쓰기도 합니다.

◎ 패턴 연습하기 | 다음을 듣고 따라 말해 보세요.

What's the price of this ☐ ? 이 ~은 가격이 얼마예요?
왓츠 더 프라이쓰 어브 디쓰

magnet 자석	snow globe 스노우 볼	eco bag 에코백
매그닛	스노 글롭	이코 백
coaster 컵받침	mug 머그잔	tumbler 텀블러
코스털	머그	텀블럴
bookmark 책갈피	keychain 열쇠고리	bracelet 팔찌
북말크	키췌인	브뤠이슬릿

Scene 2

mp3 057

나 **How much is this card holder?** [1]
하우 머취 이즈 디쓰 칼드 홀덜?

점원 **It's 300 dollars.**
잇츠 뜨뤼 헌드뤄드 달럴즈.

나 **Wow! It's too expensive!**
와우! 잇츠 투 익쓰펜씨브!

Can you give me a discount on this? [2]
캔 유 기브 미 어 디스카운트 온 디쓰?

점원 **I'm sorry. I can't. It's a handmade product made of cow leather.**
아임 쏘뤼. 아이 캔트. 잇츠 어 핸드메이드 프롸덕트 메이드 어브 카우 레덜.

• handmade 수제의 cow leather 소가죽

나 이 카드 지갑은 얼마예요? **점원** 300달러입니다. **나** 왜! 너무 비싼데요! 이거 할인해 주실 수 있어요? **점원** 죄송해요. 어렵습니다. 그건 소가죽으로 만든 수제품이에요.

1 How much is this card holder?
제품 가격이 얼마인지 궁금할 때는 How much is this ~? 뒤에 물건 이름을 넣어서 물어보세요. 복수형의 물건일 때는 How much are these ~?를 쓰면 됩니다. 예를 들어 '이 신발은 얼마예요?'는 How much are these shoes?라고 합니다.

2 Can you give me a discount on this?
가격을 깎아 달라고 부탁할 때 쓰는 표현입니다. Can you give me ~?는 '제게 ~을 주실 수 있어요?' 하고 부탁하는 표현이고 discount는 '할인'이라는 뜻입니다. 참고로 Can you make it a little cheaper?(좀 더 싸게 해 주실 수 있어요?)라고 해도 좋습니다.

◯ 패턴 연습하기 | 다음을 듣고 따라 말해 보세요.

Can you give me _____? ~을 주실 수 있어요?
캔 유 기브 미

a new one 새 제품
어 누 원

a plastic bag 비닐봉지
어 플래스틱 백

a different color 다른 색
어 디퀀트 컬러

10% off 10퍼센트 할인
텐 펄쎈트 오프

another item 다른 물건
어너덜 아이텀

some help 도움
썸 헬프

a smaller size 더 작은 사이즈
어 스몰럴 싸이즈

a larger size 더 큰 사이즈
어 랄쥘 싸이즈

a medium 중간 사이즈
어 미디엄

20 계산하기

계산할 때는 내야 하는 총액과 내가 받은 거스름돈이 맞는지 확인하고 세금 환급을 받을 수 있는지 점원에게 물어볼 수 있습니다. 쇼핑백이나 선물 포장이 필요할 때도 점원에게 요청해 보세요.

cash
캐쉬
현금

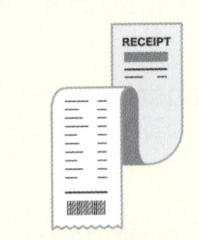

receipt
뤼씻
영수증

tax refund
택쓰 뤼펀드
세금 환급

coupon
쿠판
쿠폰, 할인권

overcharge
오벌촬쥐
금액을 많이 청구하다

change
췌인쥐
거스름돈

gift-wrap
기프트 랩
선물 포장하다

paper bag
페이펄 백
종이 쇼핑백

tax free
택쓰 프뤼
세금 면제, 면세의

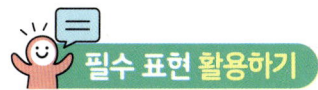 **필수 표현 활용하기**

현금으로 계산할게요.

I'll pay in cash.

아일 페이 인 캐쉬

영수증은 필요 없어요.

I don't need the receipt.

아이 돈 니드 더 뤼씻

세금 환급을 받을 수 있는지 궁금해요.

I wonder if I can get a tax refund.

아이 원덜 이프 아이 캔 겟 어 택쓰 뤼펀드

> Tip 나라에 따라 미리 서류를 작성해야 세금 환급이 가능한 경우가 있으니, 직원에게 계산하면서 문의해 보세요.

이 쿠폰을 사용해도 될까요?

Can I use this coupon?

캔 아이 유즈 디쓰 쿠판

이 제품 가격을 더 매기셨어요.

You overcharged me for this item.

유 오벌촬쥐드 미 포얼 디쓰 아이텀

제가 거스름돈을 잘못 받은 것 같은데요.

I think I got the wrong change.

아이 띵크 아이 갓 더 롱 췌인쥐

• wrong 잘못된

그거 선물 포장해 주시겠어요?

Could you gift-wrap it?

쿠쥬 기프트 랩 잇

 종이 쇼핑백이 필요하신가요?

Do you need a paper bag?

두 유 니드 어 페이펄 백

> Tip 직원이 shopping bag(쇼핑백)이나 plastic bag(비닐봉지)이 필요하냐고 물어볼 수도 있습니다.

이 제품은 세금이 면제돼요.

This item is tax free.

디쓰 아이텀 이즈 택쓰 프뤼

 **Scene 1**

mp3 059

점원　**Are these the items you're getting?** [1]
　　알 디즈 디 아이텀즈 유얼 게링?

나　**Wait a minute, please. I'm not buying this.**
　　웨잇 어 미닛, 플리즈. 아임 낫 바잉 디쓰.

점원　**That's okay. Do you need a paper bag?**
　　댓츠 오케이. 두 유 니드 어 페이펄 백?

나　**Yes, please. In addition, can I use this coupon?** [2]
　　예쓰, 플리즈. 인 어디션, 캔 아이 유즈 디쓰 쿠판?

점원　**Sure. Your total is 25 dollars.**
　　슈얼. 유얼 토를 이즈 트웬티파이브 달럴즈.

• total 총 금액

점원 이것들이 구매하시는 물건인가요? 나 잠시만요, 이건 사지 않을게요. 점원 괜찮습니다. 종이 쇼핑백이 필요하신가요? 나 네, 주세요. 그리고 이 쿠폰을 사용해도 될까요? 점원 그럼요. 전부 해서 25달러입니다.

1 Are these the items you're getting?

점원이 계산할 때 고객이 구매하는 물건을 확인하기 위해 묻는 질문입니다. Is this everything for you?(이게 전부인가요?)라는 질문도 많이 씁니다.

2 Can I use this coupon?

Can I use ~?는 '~을 사용해도 될까요?', '~을 사용할 수 있을까요?'라는 뜻입니다. 쿠폰, 신용카드 등 가게에서 쓸 수 있는 것을 확인하고 싶을 때 이 표현으로 질문해 보세요.

◎ 패턴 연습하기 | 다음을 듣고 따라 말해 보세요.

Can I use _____? ~을 사용해도 될까요?
캔 아이 유즈

cash 현금 캐쉬	**this gift card** 이 상품권 디쓰 기프트 칼드	**a phone charger** 휴대폰 충전기 어 폰 촬절
a debit card 직불카드 어 데빗 칼드	**this voucher** 이 바우처 디쓰 바우쳘	**the fitting room** 탈의실 더 피팅 룸
a credit card 신용카드 어 크뤠딧 칼드	**this basket** 이 바구니 디쓰 배스킷	**the Wi-Fi** 와이파이 더 와이파이

98

Scene 2

mp3 060

점원 **How would you like to pay?** [1]
하우 우드 유 라익 투 페이?

나 **I'll pay in cash.**
아일 페이 인 캐쉬.

점원 **Okay, that will be 40 dollars and 20 cents.**
오케이, 댓 윌 비 폴티 달러즈 앤 트웨니 센츠.

나 **I wonder if I can get a tax refund.** [2]
아이 원덜 이프 아이 캔 겟 어 택쓰 뤼펀드.

점원 **Fill out this tax refund form and submit it at the airport.**
필 아웃 디쓰 택쓰 뤼펀드 폼 앤 써밋 잇 앳 디 에얼폴트.

• fill out 작성하다 submit 제출하다

점원 어떻게 계산하시겠어요? 나 현금으로 계산할게요. 점원 알겠습니다. 40달러 20센트입니다. 나 제가 세금 환급을 받을 수 있는지 궁금한데요. 점원 이 세금 환급 신청서를 작성하시고 공항에서 제출하세요.

---

1 How would you like to pay?

계산대에서 카드, 현금, 모바일 결제 등 어떤 방법으로 결제할지 물을 때 쓰는 표현입니다. How will you be paying?이라고 묻기도 합니다. 참고로 '신용카드로 계산할게요'라고 대답할 때는 I'll pay with a credit card.라고 하면 됩니다.

2 I wonder if I can get a tax refund.

wonder은 '궁금하다'라는 뜻의 동사입니다. '~할 수 있는지 궁금합니다'라는 의미로 I wonder if I can + 동사.를 사용할 수 있습니다. 어떤 일이 가능한지 부드럽게 문의할 때 쓰는 표현입니다.

○ 패턴 연습하기 | 다음을 듣고 따라 말해 보세요.

I wonder if I can _____. ~할 수 있는지 궁금해요.
아이 원덜 이프 아이 캔

use this coupon 이 쿠폰을 사용하다
유즈 디쓰 쿠판

get a discount 할인을 받다
겟 어 디스카운트

try this on 이걸 입어 보다
트라이 디쓰 온

get it delivered 배달을 받다
겟 잇 딜리벌드

receive some free samples 무료 샘플을 받다
뤼씨브 썸 프뤼 쌤플즈

get some small money 잔돈을 받다
겟 썸 스몰 머니

21 교환 및 환불하기

구매한 옷이나 신발의 사이즈가 잘 안 맞거나, 제품에 하자가 있다면 교환이나 환불을 요청할 수 있습니다. 이때 점원에게 교환하거나 환불하려는 이유도 간단히 설명해 보세요.

mp3 061

필수 표현 익히기

exchange
익쓰췌인쥐
교환하다, 교환

get a refund
겟 어 뤼펀드
환불받다

make a return
메익 어 뤼턴
반품하다

purchase
펄취쓰
구매하다, 구매

tight
타잇
(옷, 신발이) 꽉 끼는

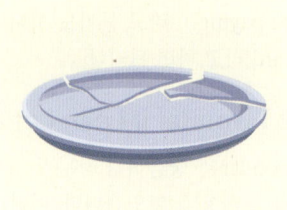
broken
브로컨
고장 난, 부서진, 깨진

problem
프라블럼
문제

sale item
쎄일 아이텀
세일 상품

within 7 days
위딘 쎄븐 데이즈
7일 내로

 필수 표현 활용하기

이것을 더 작은 사이즈로 교환할 수 있나요?

Could I exchange this for a smaller size?

쿠드 아이 익쓰췌인쥐 디쓰 포얼 어 스몰럴 싸이즈

이 코트를 환불받고 싶어요.

I'd like to get a refund on this coat.

아이드 라익 투 겟 어 뤼펀드 온 디쓰 코트

어디서 반품할 수 있나요?

Where can I make a return?

웨얼 캔 아이 메익 어 뤼턴

• return 반품, 반납

이 카드로 그것을 구매했습니다.

I purchased it with this card.

아이 펄춰스트 잇 위드 디쓰 칼드

저에게 너무 꽉 껴요.

It's too tight for me.

잇츠 투 타잇 포얼 미

지퍼가 고장 났어요.

The zipper is broken.

더 지펄 이즈 브로컨

• broken break(부수다, 깨다)의 과거분사형

 뭐가 문제인지 여쭤봐도 될까요?

May I ask what the problem is?

메이 아이 애스크 왓 더 프롸블럼 이즈

최종 세일 상품은 환불이 불가능합니다.

Final sale items can't be refunded.

파이늘 쎄일 아이텀즈 캔트 비 뤼펀디드

구매 7일 내로 환불받으실 수 있습니다.

You can get a refund within 7 days of purchase.

유 캔 겟 어 뤼펀드 위딘 쎄븐 데이즈 어브 펄춰쓰

 구매 후 일정 기간 내에만 교환이나 환불을 받을 수 있으니, 영수증의 약관도 잘 챙기세요.

Scene 1

mp3 062

나	**Hello. Could I exchange this for a smaller size?** [1]
	헬로. 쿠드 아이 익쓰췌인쥐 디쓰 포얼 어 스몰럴 싸이즈?

점원	**Of course. Do you have the receipt?** [2]
	어브 콜쓰. 두 유 해브 더 뤼씻?

나	**Yes, here it is.**
	예쓰, 히얼 잇 이즈.

점원	**I'll get you a smaller size so that you can try it on.**
	아일 겟 유 어 스몰럴 싸이즈 쏘 댓 유 캔 트롸이 잇 온.

나	**Thank you.**
	땡큐.

• try on 입어 보다

나 안녕하세요. 이것을 더 작은 사이즈로 교환할 수 있을까요? 점원 물론이죠. 영수증 갖고 계신가요? 나 네, 여기 있어요.
점원 제가 더 작은 사이즈를 가져올 테니 입어 보시면 됩니다. 나 감사합니다.

1 Could I exchange this for a smaller size?

exchange는 '교환하다'는 뜻인데 exchange A for B는 'A를 B로 교환하다'라는 의미가 됩니다. 한편 Could I + 동사?는 Can I + 동사?보다 더 정중하게 부탁하는 표현입니다. Could I exchange this for ~? 뒤에 교환하고자 하는 대상을 넣어 구매한 물건을 다른 걸로 교환할 수 있는지 문의해 보세요.

2 Do you have the receipt?

교환이나 환불을 요청하면 점원이 영수증(receipt)을 가지고 있는지 물어볼 수 있습니다. May I see your receipt?(영수증을 볼 수 있을까요?)라는 표현도 자주 씁니다.

◎ 패턴 연습하기 | 다음을 듣고 따라 말해 보세요.

Could I exchange this for ☐ ? 이것을 ~로 교환할 수 있을까요?
쿠드 아이 익쓰췌인쥐 디쓰 포얼

a different color 다른 색깔
어 디퍼륀트 컬럴

a larger one 더 큰 것
어 랄쥘 원

a different style 다른 스타일
어 디퍼륀트 스타일

a longer length 더 긴 길이
어 롱걸 렝뜨

a different item 다른 제품
어 디퍼륀트 아이템

a warmer material 더 따뜻한 소재
어 월멀 머티뤼얼

Scene 2

mp3 063

나 Excuse me. **I'd like to get a refund on this coat.** [1]
익쓰큐즈 미. 아이드 라익 투 겟 어 뤼펀드 온 디쓰 코트.

It's too tight for me. [2]
잇츠 투 타잇 포얼 미.

점원 I'm sorry. Final sale items can't be refunded.
아임 쏘뤼. 파이늘 쎄일 아이텀즈 캔트 비 뤼펀디드.

나 Oh, I see. Can I exchange it for a bigger size instead?
오, 아이 씨. 캔 아이 익쓰췌인쥐 잇 포얼 어 비걸 싸이즈 인스테드?

점원 Unfortunately, we don't do exchanges on sale items.
언폴춰너틀리, 위 돈 두 익쓰췌인쥐즈 온 쎄일 아이텀즈.

• unfortunately 유감스럽게도

나 실례합니다. 이 코트를 환불받고 싶은데요. 저에게 너무 꽉 껴요. 점원 죄송합니다. 최종 세일 상품은 환불이 불가능해요.
나 아, 알겠습니다. 대신 더 큰 사이즈로 바꿀 수 있을까요? 점원 유감스럽지만 세일 상품은 교환해 드리지 않습니다.

---

1 I'd like to get a refund on this coat.

I'd like to + 동사.(저는 ~하고 싶습니다.)는 정중하게 요청하는 표현입니다. '환불받다'라는 뜻의 get a refund 뒤에 'on + 물건'을 넣어 구체적으로 어떤 물건에 대한 환불을 요청할 수 있습니다.

2 It's too tight for me.

too tight은 '너무 꽉 끼는'이라는 뜻으로 옷이나 신발이 사이즈가 작아서 맞지 않을 때 쓰는 표현입니다. It's too + 형용사 + for me.는 '저에게 너무 ~해요'라는 뜻으로, 물건과 관련해 불편한 점을 설명할 때 사용할 수 있습니다.

○ 패턴 연습하기 | 다음을 듣고 따라 말해 보세요.

It's too ⬚ **for me.** 제게 너무 ~해요.
잇츠 투   포얼 미

bright 밝은 브롸잇	**short** 짧은 쇼트	**big** 큰 빅
dark 어두운 달크	**long** 긴 롱	**loose** 헐렁한 루즈
thick 두꺼운 띡	**heavy** 무거운 헤비	**uncomfortable** 불편한 언컴펄터블

PART 04 쇼핑할 때

PART 05 식당에서

여행에서 빠질 수 없는 즐거움 중 하나는 현지에서 맛보는 이국적인 음식입니다. 식당 예약부터 주문, 계산까지 필요한 표현을 익혀서 여행지에서 근사한 식사를 즐겨 보세요.

22 식당 예약하기
23 식당 입장하기
24 음식 주문하기
25 패스트푸드 및 커피 주문하기
26 필요한 서비스 요청하기
27 음식값 계산하기

식당에서 흔히 볼 수 있는 영어

자리 안내를 기다려 주세요.

예약된

여기서 주문하세요.

여기서 받아 가세요.

드라이브스루
(차에 탄 채 주문하고 음식을 받는 시스템)

포장/테이크아웃 전용

오늘의 특선 메뉴

외부 음식 및 음료 반입 금지

22 식당 예약하기

mp3 064

꼭 가고 싶은 식당은 예약해 두면 편리하게 이용할 수 있습니다. 예약자의 이름과 함께 원하는 날짜와 시간, 일행이 몇 명인지 등 예약에 필요한 정보를 말할 수 있어야 합니다. 예약을 변경하거나 취소할 때 쓰는 표현도 함께 익혀 두세요.

필수 표현 익히기

book a table
북 어 테이블
(식당의) 자리를 예약하다

private room
프라이빗 룸
개별실

bring *one's* kid
브링 원즈 키드
아이를 데려가다

change *one's* reservation
췌인쥐 원즈 뤠절베이션
예약을 변경하다

cancel *one's* reservation
캔쓸 원즈 뤠절베이션
예약을 취소하다

make it
메익 잇
시간에 맞춰 가다

what time
왓 타임
몇 시

be all booked up
비 올 북트 업
예약이 다 차다

special requests
스페셜 뤼퀘스츠
특별한 요청 사항

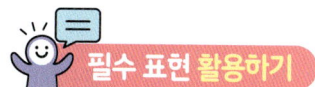 필수 표현 활용하기

저녁 6시에 예약할 수 있나요?
Can I book a table for 6:00 p.m.?
캔 아이 북 어 테이블 포얼 씩쓰 피엠

단체를 위한 개별실을 요청해도 될까요?
Could I request a private room for a group?
· group 단체
쿠드 아이 뤼퀘스트 어 프라이빗 룸 포얼 어 그룹

아이를 데려가도 될까요?
Can I bring my kid with me?
캔 아이 브륑 마이 키드 위드 미

저녁 6시에서 7시로 예약을 변경할 수 있을까요?
Can I change my reservation from 6:00 to 7:00 p.m.?
캔 아이 췌인쥐 마이 뤠절베이션 프럼 씩스 투 쎄븐 피엠

제 예약을 취소해도 될까요?
Could I cancel my reservation?
쿠드 아이 캔쓸 마이 뤠절베이션

제 생각에는 그 시간에 못 갈 것 같아요.
I think I can't make it at that time.
아이 띵크 아이 캔트 메익 잇 앳 댓 타임

Tip make it에는 '참석하다, 시간에 맞춰가다, 성공하다' 등 다양한 뜻이 있으니 상황에 맞게 활용해 보세요.

 몇 시가 좋으세요?
What time would you prefer?
왓 타임 우드 유 프뤼펄

7시에는 예약이 다 찼습니다.
We are all booked up at 7 o'clock.
위 알 올 북트 업 앳 쎄븐 어클락

Tip be fully booked도 '예약이 꽉 차다'라는 뜻입니다.

특별한 요청 사항이 있으실까요?
Do you have any special requests?
두 유 해브 에니 스페셜 뤼퀘스츠

Scene 1

mp3 065

나	Hi. I'd like to make a reservation for three people tonight.
	하이. 아이드 라익 투 메익 어 뤠절베이션 포얼 뜨뤼 피플 터나잇.
직원	What time would you prefer?
	왓 타임 우드 유 프뤼펄?
나	**Can I book a table for 6:00 p.m.?** [1]
	캔 아이 북 어 테이블 포얼 씩쓰 피엠?
직원	Certainly. **May I have your name, please?** [2]
	썰튼리. 메이 아이 해브 유얼 네임, 플리즈?
나	It's Sue.
	잇츠 쑤.

• Certainly. (대답에서) 물론입니다.

나 안녕하세요. 오늘 저녁에 3명 예약하고 싶은데요. **직원** 몇 시가 좋으세요? **나** 저녁 6시에 예약할 수 있을까요? **직원** 물론입니다. 성함이 어떻게 되세요? **나** 수입니다.

---

1 Can I book a table for 6:00 p.m.?

book은 동사로 '예약하다'라는 뜻이라서 book a table은 '테이블을 예약하다', 즉 '식당 자리를 예약하다'라는 뜻이 됩니다. 식당 예약 시 Can I book a table for ~? 뒤에 예약 시간이나 요일을 넣어 '(시간/요일)에 자리를 예약할 수 있나요?'라고 물어볼 수 있습니다.

2 May I have your name, please?

직원이 예약자의 이름을 물을 때 사용하는 표현입니다. May I have your ~? 뒤에 name(이름), phone number(전화번호), address(주소) 등을 넣어 상대방의 신상정보를 정중하게 요청할 수 있습니다. 추가로 직원이 이름 스펠링을 확인할 때는 How do I spell your name?이라고 묻습니다.

○ 패턴 연습하기 | 다음을 듣고 따라 말해 보세요.

Can I book a table for ☐ ? ~에 자리를 예약할 수 있을까요?
캔 아이 북 어 테이블 포얼

noon 정오, 낮 12시
눈

around 2:00 p.m. 오후 2시쯤
어롸운드 투 피엠

tomorrow night 내일 밤
터마로 나잇

this Sunday 이번 주 일요일
디쓰 썬데이

next Thursday 다음 주 목요일
넥쓰트 떨즈데이

Friday lunchtime 금요일 점심시간
프라이데이 런취타임

Scene 2

mp3 066

나 **Can I change my reservation from 6:00 to 7:00 p.m.?** [1]
캔 아이 췌인쥐 마이 뤠절베이션 프럼 씩쓰 투 쎄븐 피엠?

직원 I'm sorry, but we are all booked up for 7 o'clock.
아임 쏘뤼, 벗 위 알 북트 업 포얼 쎄븐 어클락.

나 I think I can't make it at that time.
아이 띵크 아이 캔트 메익 잇 앳 댓 타임.
Could I cancel my reservation? [2]
쿠드 아이 캔쓸 마이 뤠절베이션?

직원 That's not a problem. Your reservation has been canceled.
댓츠 낫 어 프라블럼. 유얼 뤠절베이션 해즈 빈 캔쓸드.

나 제 예약을 6시에서 7시로 변경할 수 있을까요? 직원 죄송하지만, 7시에는 예약이 다 찼습니다. 나 제 생각에 그때 못 갈 것 같아요. 예약을 취소해도 될까요? 직원 문제없습니다. 고객님 예약이 취소되었습니다.

---

1 Can I change my reservation from 6:00 to 7:00 p.m.?
식당에 예약 날짜나 시간, 인원 등을 변경할 수 있는지 확인할 때는 Can I change ~?(제가 ~을 변경할 수 있을까요?)를 사용해 물어보세요. from A to B는 'A에서 B로'라는 뜻입니다.

2 Could I cancel my reservation?
cancel은 '취소하다'라는 뜻의 동사입니다. 예약해 둔 식사나 여행 투어, 티켓 등을 취소할 수 있는지 문의할 때는 Could I cancel ~?(~을 취소해도 될까요?)로 정중하게 문의해 보세요.

❍ 패턴 연습하기 | 다음을 듣고 따라 말해 보세요.

Could I cancel _____? ~을 취소해도 될까요?
쿠드 아이 캔쓸

my drink order 제 음료 주문
마이 드륑크 올덜

my train ticket 제 기차표
마이 트뤠인 티킷

my hotel booking 제 호텔 예약
마이 호텔 부킹

the city tour 시티 투어
더 씨리 투얼

the dinner reservation 저녁 식사 예약
더 디널 뤠절베이션

the group reservation 단체 예약
더 그룹 뤠절베이션

23 식당 입장하기

mp3 067

식당에 들어가면 입구에서 인원수를 확인한 뒤, 직원의 안내에 따라 자리로 이동합니다. 원하는 자리나 특별한 요구 사항이 있다면 직원에게 미리 부탁해 만족스러운 식사를 즐겨 보세요.

필수 표현 익히기

wait
웨잇
대기 시간, 기다림

table for two
테이블 포얼 투
2인용 테이블

table by the window
테이블 바이 더 윈도우
창가 쪽 테이블

on the terrace
온 더 테뤄쓰
테라스에 있는

switch tables
스위취 테이블즈
테이블을 바꾸다

highchair
하이췌얼
아기 의자

how many
하우 메니
몇 사람, 몇 분

reserved
뤼절브드
예약된

booth
부뜨
(칸막이가 있는) 부스 좌석

네 명인데 대기 시간이 있나요?

Is there a wait for a party of four?
이즈 데얼 어 웨잇 포얼 어 파뤼 어브 포얼

• party 일행

2인용 테이블 주세요.

A table for two, please.
어 테이블 포얼 투 플리즈

창가 쪽 테이블에 앉을 수 있을까요?

Can we get a table by the window, please?
캔 위 겟 어 테이블 바이 더 윈도우 플리즈

테라스에 있는 테이블을 이용할 수 있나요?

Is there a table available on the terrace?
이즈 데얼 어 테이블 어베일러블 온 더 테뤄쓰

Tip terrace는 건물 바깥에 위치한 야외 공간으로, 멋진 분위기를 즐길 수 있어 인기 많은 자리입니다.

저희 테이블 좀 바꿔도 될까요?

Could we switch tables?
쿠드 위 스위취 테이블즈

아기 의자를 부탁드려도 될까요?

May I request a highchair, please?
메이 아이 뤼퀘스트 어 하이췌얼 플리즈

일행이 몇 분이시죠?

How many in your party?
하우 메니 인 유얼 파뤼

죄송하지만, 그 테이블은 예약되어 있어요.

I'm sorry, but the table is reserved.
아임 쏘뤼 벗 더 테이블 이즈 뤼절브드

• reserve 예약하다

부스 좌석은 대기가 있습니다.

There is a wait for a booth.
데얼 이즈 어 웨잇 포얼 어 부뜨

Scene 1

mp3 068

나	**Is there a wait for a party of four?** [1]
	이즈 데얼 어 웨잇 포얼 어 파뤼 어브 포얼?

직원	No, not right now. **Right this way.** [2]
	노, 낫 롸잇 나우. 롸잇 디쓰 웨이.

나	Thank you. May I request a highchair, please?
	땡큐. 메이 아이 뤼퀘스트 어 하이췌얼, 플리즈?

직원	Sure, I'll go and get it.
	슈얼, 아일 고우 앤 겟 잇.

• right now 지금

나 네 명인데 대기 시간이 있나요? 직원 아니요, 지금은 없습니다. 이쪽으로 오세요. 나 감사합니다. 아기 의자를 요청해도 될까요?
직원 그럼요, 제가 가서 가져올게요.

1 Is there a wait for a party of four?

식당에서 기다려야 하는지 물어볼 때 사용하는 문장입니다. wait는 동사로는 '기다리다', 명사로는 '기다리는 시간'이라는 뜻을 갖습니다. 한편 party는 '일행, 그룹'을 의미하는데, a party of four은 '네 명 일행'을 뜻합니다. Is there a wait for ~? 뒤에는 인원수나 원하는 자리를 넣어 '~에 대기 시간이 있나요?'라고 물어볼 수 있습니다.

2 Right this way.

직원이 식당이나 가게에서 손님을 안내하면서 '이쪽으로 오세요'라는 의미로 자주 사용하는 표현입니다. 그 밖에도 Come with me, please.(저와 함께 가시죠.), This way, please.(이쪽입니다.), Follow me, please.(절 따라 오세요.) 같은 표현도 많이 씁니다.

♥ 패턴 연습하기 | 다음을 듣고 따라 말해 보세요.

Is there a wait for _____? ~에 대기 시간이 있나요?
이즈 데얼 어 웨잇 포얼

a party of two 두 명 일행
어 파뤼 어브 투

a bar seating 바 자리
어 발 씨팅

a table for three 3인용 테이블
어 테이블 포얼 뜨뤼

a window seat 창가 자리
어 윈도우 씻

a group of six 6인 단체
어 그룹 어브 씩쓰

an outdoor table 야외 테이블
언 아웃도얼 테이블

Scene 2

mp3 069

나 **Could we sit at this table?** [1]
쿠드 위 씻 앳 디쓰 테이블?

직원 **I'm sorry, but the table is reserved.**
아임 쏘뤼, 벗 더 테이블 이즈 뤼절브드.

나 **Then can we get a table by the window, please?** [2]
덴 캔 위 겟 어 테이블 바이 더 윈도우, 플리즈?

직원 **Of course. This way, please.**
어브 콜쓰. 디쓰 웨이, 플리즈.

나 저희가 이 테이블에 앉아도 될까요? 직원 죄송하지만, 그 테이블은 예약되어 있어요. 나 그럼 창가 쪽 테이블에 앉을 수 있을까요?
직원 물론이죠. 이쪽으로 오세요.

---

1 Could we sit at this table?

식당에서 마음에 드는 자리를 발견했다면 앉아도 되는지 직원에게 정중하게 물어보세요. Could we + 동사?는 '저희가 ~해도 될까요?'라는 뜻인데, 혼자일 때는 Could I + 동사?로 물어보면 됩니다.

2 Can we get a table by the window, please?

Can we get a table ~?은 '우리가 (어떤) 테이블에 앉을 수 있을까요?'라는 의미입니다. 이 뒤에는 by the window(창가 쪽의)처럼 원하는 자리를 설명하는 표현을 넣어, 앉고 싶은 자리를 요청할 수 있습니다. 이때 문장 뒤에 please를 덧붙이면 좀 더 공손한 요청이 됩니다.

🔸 **패턴 연습하기** | 다음을 듣고 따라 말해 보세요.

Can we get a table _____? ~테이블에 앉을 수 있나요?
캔 위 겟 어 테이블

with a view 전망이 좋은
위드 어 뷰

on the balcony 발코니에 있는
온 더 밸커니

on the patio 야외 테라스에 있는
온 더 패티오

in the corner 구석에 있는
인 더 코널

in a quiet area 조용한 곳에 있는
인 어 콰이엇 에뤼어

away from the entrance 입구에서 떨어진
어웨이 프럼 디 엔트뤈쓰

24 음식 주문하기

음식을 주문할 때 식당을 대표하는 메뉴를 시도해 보는 것은 탁월한 선택이 될 수 있습니다. 무엇을 주문할지 고민될 때는 직원에게 추천을 받아 보세요.

mp3 070

order
올덜
주문하다, 주문

menu
메뉴
메뉴판

main dish
메인 디쉬
주요리

signature dish
씨그너춰 디쉬
시그니처/대표 요리

medium
미디엄
중간 정도 굽기의

cutlery
컷러뤼
(포크, 숟가락 등의) 식기

take *one's* order
테익 원즈 올덜
주문을 받다

steak
스테익
스테이크

dessert
디절트
디저트, 후식

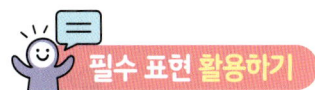

필수 표현 활용하기

지금 주문해도 되나요?
Can I order now?
캔 아이 올덜 나우

> Tip: 주문할 때 Can I place an order?(주문해도 될까요?)라는 표현도 씁니다.

메뉴판 좀 주시겠어요?
Can I get a menu?
캔 아이 겟 어 메뉴

주요리를 추천해 주실래요?
Could you recommend a main dish?
쿠드 유 뤠커멘드 어 메인 디쉬

• dish 요리

시그니처/대표 요리가 있나요?
Do you have a signature dish?
두 유 해브 어 씨그너철 디쉬

스테이크는 중간 정도로 익혀 주세요.
I'd like my steak medium.
아이드 라익 마이 스테익 미디엄

• rare 레어(겉만 살짝 익힘)
• medium rare 미디엄 레어
• medium well 미디엄 웰
• well done 웰던(완전히 익힘)

어린이용 식기가 있나요?
Do you have children's cutlery?
두 유 해브 췰드뤈즈 컷러뤼

주문하시겠어요?
May I take your order?
메이 아이 테익 유얼 올덜

스테이크 굽기는 어떻게 해 드릴까요?
How would you like your steak?
하우 우드 유 라익 유얼 스테익

디저트 드시겠어요?
Would you care for dessert?
우드 유 케얼 포얼 디절트

• Would you care for ~?
~을 드시겠어요?

Scene 1

mp3 071

직원 **May I take your order?** [1]
메이 아이 테익 유얼 올덜?

나 Well, **could you recommend a main dish?** [2]
웰, 쿠드 유 뤠커멘드 어 메인 디쉬?

직원 All kinds of steaks are great here.
올 카인즈 어브 스테익스 알 그뤠잇 히얼.

나 Then I'd like a T-bone steak. Medium, please.
덴 아이드 라익 어 티 본 스테익. 미디엄, 플리즈.

• **T-bone steak** T자 모양의 뼈가 붙은 스테이크

직원 주문하시겠어요? **나** 음, 주요리를 추천해 주시겠어요? **직원** 저희는 모든 종류의 스테이크가 훌륭합니다. **나** 그러면 티본 스테이크 주세요. 중간 정도로 익혀 주시고요.

---

1 May I take your order?

식당에서 직원이 주문을 받으러 왔을 때 손님에게 묻는 표현입니다. 좀 더 가볍게 물을 때는 Are you ready to order?(주문할 준비되셨어요?), What can I get you?(뭐 드릴까요?), What would you like to have?(뭐 드시겠어요?)라고 말하기도 합니다.

2 Could you recommend a main dish?

recommend는 '추천하다'라는 뜻의 동사입니다. 음식을 추천해 달라고 부탁할 때 Could you recommend ~? 뒤에 음식 메뉴를 넣어서 물어볼 수 있습니다. 참고로 signature(대표적인)을 사용해 What's your signature dish?(대표 요리가 무엇인가요?)라고 물어봐도 좋습니다.

🔸 **패턴 연습하기** | 다음을 듣고 따라 말해 보세요.

Could you recommend ☐ ? ~을 추천해 주시겠어요?
쿠드 유 뤠커멘드

a wine 와인
어 와인

a side dish 곁들임 요리
어 싸이드 디쉬

a dressing 드레싱
어 드뤠씽

a meat dish 육류 요리
어 밋 디쉬

an appetizer 전채 요리
언 애피타이절

a seafood dish 해산물 요리
어 씨푸드 디쉬

Scene 2

mp3 072

직원	**Would you care for dessert?** [1]
	우드 유 케얼 포얼 디절트?

나	Yes. Can I get the dessert menu, please?
	예쓰. 캔 아이 겟 더 디절트 메뉴, 플리즈?

직원	Sure. Here you are. What would you like?
	슈얼. 히얼 유 알. 왓 우드 유 라익?

나	Well, **I'll have the brownie with extra ice cream.** [2]
	웰, 아일 해브 더 브라우니 위드 엑쓰트뤄 아이쓰 크륌.

직원	Okay. I'll be right back with that.
	오케이. 아일 비 롸잇 백 위드 댓.

• **brownie** 브라우니 (진한 초콜릿 케이크)   **extra** 추가적인

직원 디저트 드시겠어요? 나 네, 디저트 메뉴판을 받을 수 있을까요? 직원 그럼요. 여기 있습니다. 무엇을 드시겠어요? 나 음, 브라우니에 아이스크림을 추가해 주세요. 직원 알겠습니다. 금방 가지고 오겠습니다.

---

1 Would you care for dessert?

care for은 '~을 좋아하다'라는 뜻인데, 직원이 '~을 드시겠어요?'라고 정중하게 제안할 때 Would you care for ~?로 물어봅니다. 예를 들어 Would you care for some wine?은 '와인 드시겠어요?'라는 뜻입니다.

2 I'll have the brownie with extra ice cream.

음식이나 음료를 주문할 때 I'll have + 음식/음료.로 말할 수 있습니다. 여기서 have는 '먹다, 마시다'라는 뜻으로, I'll have는 '~을 먹을게요/마실게요'라는 뜻이니까, 이는 곧 '~을 주세요'라는 의미로 사용됩니다. 참고로 무언가를 더 추가해서 달라고 할 때는 a coffee with extra syrup(커피에 시럽 추가해서), a sandwich with extra ham(샌드위치에 햄 추가해서)처럼 요청하면 됩니다.

○ 패턴 연습하기 | 다음을 듣고 따라 말해 보세요.

I'll have _____ . ~을 주세요.
아일 해브

the tomato pasta 토마토 파스타
더 터메이토 파스터

a chicken salad 닭고기 샐러드
어 취킨 쌜러드

a tuna sandwich 참치 샌드위치
어 투너 쌘드위취

pancakes 팬케이크
팬케익스

a piece of cheesecake 치즈 케이크 한 조각
어 피쓰 오브 취즈케익

the chocolate mousse 초콜릿 무스
더 촤클릿 무쓰

25 패스트푸드 및 커피 주문하기

패스트푸드점은 전 세계적으로 맛이 비슷하고 가격도 저렴해서 여행 중에 부담 없이 들르기 좋습니다. 식후에 카페에서 여유롭게 음료 한잔하는 것도 여행의 또 다른 재미이니 자연스럽게 주문할 수 있도록 꼭 필요한 표현을 익혀 두세요.

mp3 073

필수 표현 익히기

burger
벌걸
버거, 햄버거

fries
프롸이즈
감자튀김

mayo
메이요
마요네즈

iced
아이스트
얼음이 들어간

sugar
슈걸
설탕

for here
포얼 히얼
여기서, 매장에서

soft drink
쏘프트 드륑크
탄산음료, 청량음료

flavor
플레이벌
맛

to go
투 고우
포장으로, 테이크아웃으로

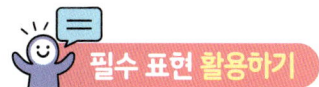

필수 표현 활용하기

치킨버거 하나 주세요.

I'd like a chicken burger, please.
아이드 라익 어 취킨 벌걸 플리즈

큰 사이즈 감자튀김 하나 주실래요?

Can I have large fries, please?
캔 아이 해브 랄쥐 프라이즈 플리즈

> Tip '길쭉하게 썬 감자튀김'을 미국, 캐나다에서는 fries, 영국, 호주에서는 chips라고 합니다.

마요네즈는 빼 주세요.

No mayo, please.
노 메이요 플리즈

- mayo mayonnaise(마요네즈)를 짧게 줄인 구어체 단어

아이스 라테 한 잔 주시겠어요?

May I have an iced latte, please?
메이 아이 해브 언 아이스트 라테이 플리즈

- iced + 음료
얼음을 넣은 찬 음료

설탕 넣은 에스프레소 한 잔이요.

One espresso with sugar, please.
원 에쓰프레쏘 위드 슈걸 플리즈

여기서 마실/먹을 거예요.

It's for here.
잇츠 포얼 히얼

어떤 종류의 탄산음료를 원하세요?

What kind of soft drink do you want?
왓 카인드 어브 쏘프트 드링크 두 유 원트

> Tip 대표적인 soft drink로는 Coke (콜라), Pepsi(펩시), Sprite(스프라이트), Fanta(환타)가 있어요.

밀크셰이크는 어떤 맛으로 드릴까요?

Which flavor of milkshake would you like?
위취 플레이벌 어브 밀크쉐이크 우드 유 라익

여기서 드시나요, 아니면 포장인가요?

For here or to go?
포얼 히얼 오얼 투 고우

PART 05 식당에서

Scene 1

mp3 074

나 Hello. **May I have an iced latte, please?** [1]
헬로. 메이 아이 해브 언 아이스트 라테이, 플리즈?

직원 Of course. What size would you like?
어브 콜쓰. 왓 싸이즈 우쥬 라익?

나 Large, please.
랄쥐, 플리즈.

직원 **For here or to go?** [2]
포얼 히얼 오얼 투 고우?

나 For here, please.
포얼 히얼, 플리즈.

• size 사이즈, 크기

나 안녕하세요. 아이스 라테 한 잔 주시겠어요? 직원 그럼요. 어떤 사이즈로 드릴까요? 나 라지 사이즈로 주세요. 직원 여기서 드시고 가시나요, 아니면 포장인가요? 나 여기서 마실 거예요.

1 May I have an iced latte, please?

식당이나 카페에서 주문할 때는 May I have ~?(~을 주시겠어요?) 뒤에 원하는 음식이나 음료 이름을 넣어 말해 보세요. 음식이나 음료 이름 뒤에 간단히 please만 붙여서 An iced latte, please.처럼 주문할 수도 있습니다. 찬 음료는 iced(얼음을 넣은), 뜨거운 음료는 hot(뜨거운)을 음료 이름 앞에 넣으면 됩니다.

2 For here or to go?

패스트푸드점이나 카페에서 직원이 포장 여부를 물어볼 때 가장 많이 사용하는 질문입니다. 주문한 매장에서 먹고 갈 경우에는 For here, please.로, 포장해서 가져갈 경우에는 To go, please.로 답변하면 됩니다. 포장할 때 미국에서는 Takeout, please., 영국이나 호주에서는 Takeaway, please.라고 해도 좋습니다.

● 패턴 연습하기 | 다음을 듣고 따라 말해 보세요.

May I have ▢▢▢▢▢, please? ~을 주시겠어요?
메이 아이 해브   플리즈

a hot Americano 따뜻한 아메리카노
어 핫 어메뤼카노

an iced coffee 아이스 커피
언 아이스트 코피

soy milk 두유
쏘이 밀크

a small size 작은 사이즈
어 스몰 싸이즈

half the syrup 시럽 반만
해프 더 씨뤕

an extra shot 샷 하나 추가
언 엑쓰트뤄 샷

Scene 2

mp3 075

나 Hello. I'd like a chicken burger. **No mayo, please.** [1]
헬로. 아이드 라익 어 취킨 벌걸. 노 메이요, 플리즈.

직원 No mayo. Okay. Anything else?
노 메이요. 오케이. 에니띵 엘쓰?

나 Oh, and I'll have the number 3 combo with a milkshake.
오, 앤 아일 해브 더 넘벌 뜨뤼 캄보 위드 어 밀크쉐익.

직원 **Which flavor of milkshake would you like?** [2]
위취 플레이벌 어브 밀크쉐익 우드 유 라익?

나 Vanilla, please.
버닐러, 플리즈.

• combo 세트 메뉴 vanilla 바닐라 맛

나 안녕하세요. 치킨버거 하나 주세요. 마요네즈는 빼 주시고요. **직원** 마요네즈는 빼고요. 알겠습니다. 다른 것은요? **나** 아, 그리고 3번 세트 메뉴와 밀크셰이크를 주세요. **직원** 밀크셰이크는 어떤 맛으로 드릴까요? **나** 바닐라로 주세요.

1 No mayo, please.

음식을 주문하면서 '~은 빼 주세요'라고 요청할 때는 간단하게 No ~, please.로 말해 보세요. 케첩이나 마요네즈 같은 소스류 또는 상추나 오이 같은 특정 재료를 빼 달라고 부탁할 때 쓸 수 있는 표현입니다. 말 끝에 정중함을 나타내는 please를 넣는 것도 잊지 마세요.

2 Which flavor of milkshake would you like?

flavor은 '맛'이라는 뜻입니다. 다양한 맛이 있는 아이스크림이나 밀크셰이크 같은 음료를 주문하면 직원이 어떤 맛을 원하는지 물어보는데, 간단하게 Which flavor would you like?(어떤 맛을 원하세요?)라고 묻기도 합니다.

◎ 패턴 연습하기 | 다음을 듣고 따라 말해 보세요.

No _____, **please.** ~은 빼 주세요.
노   플리즈

cucumbers 오이	cilantro 고수	nuts 견과류
큐컴벌즈	씰랜트로	넛츠
onions 양파	cinnamon 계피	eggs 달걀
어니언즈	씨너먼	엑즈
lettuce 상추	ketchup 케첩	whipped cream 생크림
레티스	케첩	윕트 크림

26 필요한 서비스 요청하기

식사 중에 필요한 게 생기면 직원을 불러 부탁하세요. 주문한 음식에 문제가 있어서 직원에게 다시 조리해 줄 수 있는지 확인하거나 음식에 대한 불만을 말할 때는 내가 원하는 바를 정중하게 잘 전달해 보세요.

필수 표현 익히기

plate
플레잇
접시

on the side
온 더 싸이드
따로, 별도로

refill
뤼필
다시 채우다, 리필하다

salty
쏠티
짠, 짭짤한

overcooked
오벌쿡트
너무 익힌, 너무 구운

salad
쌜러드
샐러드

leftover
레프트오벌
남은 음식

clear the table
클리얼 더 테이블
테이블을 치우다

on the house
온 더 하우쓰
무료/서비스로 제공되는

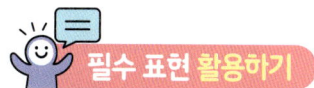

필수 표현 활용하기

여분의 접시 좀 주시겠어요?

Can I get some extra plates?

캔 아이 겟 썸 엑쓰트뤄 플레잇츠

드레싱을 따로 받을 수 있을까요?

Can I get the dressing on the side?

캔 아이 겟 더 드뤠씽 온 더 싸이드

• dressing 드레싱 (샐러드 소스)

커피 리필 좀 해 주시겠어요?

Could you refill my coffee, please?

쿠드 유 뤼필 마이 코피 플리즈

조금 덜 짜게 해 주실 수 있나요?

Could you make it less salty?

쿠드 유 메익 잇 레쓰 쏠티

• less 덜, 더 적게

스테이크가 너무 익은 것 같아요.

I think the steak is overcooked.

아이 띵크 더 스테익 이즈 오벌쿡트

이 샐러드는 제가 주문한 게 아니에요.

This salad is not what I ordered.

디쓰 쌜러드 이즈 낫 왓 아이 오덜드

이 남은 음식을 포장해 주실 수 있을까요?

Can you wrap up these leftovers for me, please?

캔 유 뢥 업 디즈 레프트오벌즈 포얼 미 플리즈

테이블 좀 치워 주시겠어요?

Could you clear the table?

쿠드 유 클리얼 더 테이블

 음료는 무료 서비스입니다.

The drinks are on the house.

더 드륑쓰 알 온 더 하우쓰

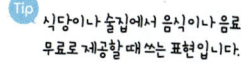

Scene 1

mp3 077

직원 **How is your steak?** [1]
하우 이즈 유얼 스테익?

나 I ordered my steak medium, but **I think it's overcooked.** [2]
아이 오덜드 마이 스테익 미디엄, 벗 아이 띵크 잇츠 오벌쿡트.

직원 I'm sorry about that. Would you like us to cook a new one for you?
아임 쏘뤼 어바웃 댓. 우쥬 라익 어쓰 투 쿡 어 누 원 포얼 유?

나 Yes, please. I'd like it medium.
예쓰, 플리즈. 아이드 라익 잇 미디엄.

직원 Certainly. It will be ready shortly.
썰튼리. 잇 윌 비 뤠디 숄틀리.

• shortly 곧

직원 스테이크는 어떠세요? **나** 스테이크를 중간 굽기로 주문했는데, 제 생각에 너무 익은 것 같아요. **직원** 죄송합니다. 저희가 새로 요리해서 드릴까요? **나** 네, 그렇게 해 주세요. 중간 굽기를 원해요. **직원** 물론이죠. 곧 준비될 거예요.

---

1 How is your steak?

직원이 식사 중인 손님에게 음식의 맛이나 서비스가 괜찮은지 확인할 때 How is ~?(~은 어떠세요?)로 물어볼 수 있습니다. 전반적으로 식사가 어떤지 물을 때는 How is everything?이라고도 묻습니다. 맛있게 먹고 있다면 It's really good, thanks.(정말 맛있어요. 고마워요.)처럼 답해 보세요.

2 I think it's overcooked.

음식에 대한 불만을 말할 때 앞에 I think를 덧붙이면 '제 생각에 그게 ~한 것 같아요'라고 자신의 불만을 조금 더 부드럽게 전달할 수 있습니다.

◎ 패턴 연습하기 | 다음을 듣고 따라 말해 보세요.

I think it's _____. (제 생각에) ~한 것 같아요.
아이 띵크 잇츠

cold 차가운
콜드

burnt (불에) 탄
번트

undercooked 덜 익은
언덜쿡트

not fresh 신선하지 않은
낫 프레쉬

too spicy 너무 매운
투 스파이씨

too sour 너무 신
투 싸월

too salty 너무 짠
투 쏠티

too bland 너무 싱거운
투 블랜드

too chewy 너무 질긴
투 츄이

Scene 2

mp3 078

나 Excuse me. I just ordered a salad.
익쓰큐즈 미. 아이 줘스트 올덜드 어 쌜러드.

Can I get the dressing on the side? [1]
캔 아이 겟 더 드뤠씽 온 더 싸이드?

직원 Of course. **Do you need anything else?** [2]
어브 콜쓰. 두 유 니드 에니띵 엘쓰?

나 Can I get some extra plates?
캔 아이 겟 썸 엑쓰트뤄 플레잇츠?

직원 Sure. I'll bring them right out.
슈얼. 아일 브륑 뎀 롸잇 아웃.

나 실례합니다. 방금 샐러드를 주문했는데요. 드레싱을 따로 받을 수 있을까요? 직원 물론이죠. 다른 것 또 필요하신 거 있으세요?
나 여분의 접시 좀 주시겠어요? 직원 그럼요. 제가 바로 가져오겠습니다.

---

1 Can I get the dressing on the side?

Can I get ~?은 '~을 받을 수 있을까요?'라는 뜻으로, 필요한 음식이나 물건을 요청할 때 사용할 수 있는 표현입니다. on the side는 '따로'라는 뜻인데, 소스나 재료를 따로 달라고 부탁할 때 문장 뒤에 넣어 사용해 보세요.

2 Do you need anything else?

음식을 주문하거나 물건을 구매할 때, 직원이 마지막으로 더 필요한 게 있는지 확인하는 질문입니다. anything else는 '그 밖에 어떤 것'이라는 뜻으로, anything은 의문문과 부정문에서 '어떤 것'이라는 뜻으로 사용됩니다.

○ 패턴 연습하기 | 다음을 듣고 따라 말해 보세요.

Can I get the ⬜ on the side? ~을 따로 받을 수 있을까요?
캔 아이 겟 더/디   온 더 싸이드

- jam 잼
  쨈
- pickles 피클
  피클즈
- salsa 살사 소스
  쌜써
- sour cream 사워크림
  싸월 크뤔
- maple syrup 메이플 시럽
  메이플 씨뤕
- butter 버터
  버럴
- lemon wedges 레몬 조각
  레먼 웨쥐즈
- French fries 감자튀김
  프뤤취 프롸이즈
- mashed potatoes 으깬 감자
  매쉬트 퍼테이토즈

27 음식값 계산하기

식사를 마치고 계산할 때는 팁이 필수인 나라도 있으니 팁을 얼마 정도 줘야 하는지 미리 알아 두세요. 보통 음식과 서비스의 만족도에 따라 팁을 얼마나 줄지 결정합니다. 식당에 따라 팁이 계산서에 포함되는 경우도 있으니 잘 확인해 보세요.

mp3 079

필수 표현 익히기

check
췌크
계산서

bill
빌
계산서

tip
팁
팁, 봉사료

split the bill
스플릿 더 빌
나눠서 계산하다

mobile payment
모벌 페이먼트
모바일 결제

counter
카운털
계산대

keep the change
킵 더 췌인쥐
잔돈을 가지다

service
썰비쓰
서비스, 봉사

gratuity
그뤄투어티
팁, 봉사료

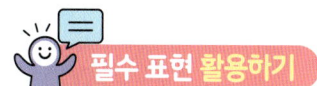 필수 표현 활용하기

계산서를 주시겠어요?

Can I get the **check**, please?
캔 아이 겟 더 췍 플리즈

계산서에 팁이 포함되어 있나요?

Is the tip included in the **bill**?
이즈 더 팁 인클루디드 인 더 빌

계산서에 20퍼센트 팁을 추가해 주세요.

Please add a 20% **tip** to the bill.
플리즈 애드 어 트웨니 펄쎈트 팁 투 더 빌

• add 더하다, 추가하다

저희가 나눠서 계산할 수 있을까요?

Could we **split the bill**, please?
쿠드 위 스플릿 더 빌 플리즈

모바일 결제가 되나요?

Do you take **mobile payments**?
두 유 테익 모벌 페이먼츠

Tip Apple Pay(애플 페이), Google Pay(구글 페이) 같은 모바일 결제가 가능한 식당도 있으니 확인해 보세요.

계산은 자리에서 하나요, 아니면 계산대에서 하나요?

Should we pay at the table or at the **counter**?
슈드 위 페이 앳 더 테이블 오얼 앳 더 카운털

잔돈은 가지셔도 됩니다.

You can **keep the change**.
유 캔 킵 더 췌인쥐

서비스가 훌륭했어요.

The **service** was excellent.
더 썰비쓰 워즈 엑썰런트

 계산서에 봉사료가 포함되어 있습니다.

The **gratuity** is included in the bill.
더 그뤠투어티 이즈 인클루디드 인 더 빌

Tip 계산서에 tip 대신 gratuity 또는 service charge라고 표기되기도 합니다. 이중으로 팁을 내지 않도록 계산서를 꼼꼼하게 확인하세요.

 **Scene 1**

mp3 080

나 **Can I get the check, please?** [1]
캔 아이 겟 더 첵, 플리즈?

직원 **Sure. I'll bring it right over.** (after a while) **Here is the check.**
슈얼. 아일 브링 잇 롸잇 오벌. 히얼 이즈 더 첵.

나 **Is the tip included in the bill?** [2]
이즈 더 팁 인클루디드 인 더 빌?

직원 **Not yet. You can add a tip if you'd like.**
낫 옛. 유 캔 애드 어 팁 이프 유드 라익.

나 계산서를 주시겠어요? 직원 물론이죠. 바로 가져다드릴게요. (잠시 후) 여기 계산서입니다. 나 계산서에 팁이 포함되어 있나요? 직원 아직요. 원하시면 팁을 추가하실 수 있습니다.

---

1 Can I get the check, please?

계산서를 달라고 요청할 때 쓰는 문장입니다. May I have the check?이라고 해도 좋습니다. check과 bill 둘 다 '계산서'를 뜻하는데, 일반적으로 미국 식당에서는 check, 영국이나 호주 식당에서는 bill을 많이 사용합니다.

2 Is the tip included in the bill?

팁 문화가 있는 나라에서 계산할 때는 계산서의 금액에 tip이 포함되었는지 확인하는 것이 좋습니다. include는 '포함하다'라는 뜻인데, Is ~ included? 형태로 '~이 포함되어 있나요?'라고 물을 수 있습니다. 가격에 음료나 어떤 서비스가 포함되었는지 확인할 때나 포장 음식을 가져가면서 '~이 들어 있나요?'라고 물어볼 때 쓰는 표현입니다.

● 패턴 연습하기 | 다음을 듣고 따라 말해 보세요.

Is the _____ included? ~이 포함되어 있나요?
이즈 더/디   인클루디드

spoon 숟가락   **drink** 음료   **refill** 리필
스푼   드륑크   뤼필

knife 칼   **bread** 빵   **side dish** 사이드 메뉴
나이프   브뤠드   싸이드 디쉬

fork 포크   **pepper** 후추   **service charge** 서비스 요금
폴크   페펄   썰비쓰 촬쥐

Scene 2

mp3 081

나 **Could we split the bill, please?** [1]
쿠드 위 스플릿 더 빌, 플리즈?

직원 Sure. I'll be right back.
슈얼. 아일 비 롸잇 백.

나 And please add a 20% tip to the bill.
앤 플리즈 애드 어 트웨니 펄쎈트 팁 투 더 빌.
The service was excellent. [2]
더 썰비쓰 워즈 엑썰런트.

직원 That's very generous of you. Thank you.
댓츠 베뤼 제너뤄스 어브 유. 땡큐.

• generous 너그러운, 후한

나 저희가 나눠서 계산할 수 있을까요? 직원 그럼요. 곧 다시 올게요. 나 그리고 계산서에 20퍼센트 팁을 추가해 주세요. 서비스가 훌륭했어요. 직원 정말 후하시네요. 감사합니다.

---

1 Could we split the bill, please?

split the bill은 '나눠서 계산하다'라는 뜻으로, 비슷한 표현으로는 pay separately가 있습니다. Can we pay separately?(저희가 각자 계산할 수 있을까요?)라고 말해도 좋습니다.

2 The service was excellent.

The service was + 형용사.로 서비스에 대한 느낌과 감정을 다양하게 표현할 수 있습니다. 식사가 만족스러웠다면 excellent(훌륭한, 탁월한)라는 단어를 사용해 칭찬해 보세요.

◎ 패턴 연습하기 | 다음을 듣고 따라 말해 보세요.

The service was _____ . 서비스가 ~했어요.
더 썰비쓰 워즈

- **fantastic** 환상적인
  팬태스틱
- **satisfying** 만족스러운
  쌔티스파잉
- **average** 평범한
  애버뤼쥐
- **wonderful** 멋진
  원덜펄
- **outstanding** 뛰어난
  아웃스탠딩
- **terrible** 형편없는
  테뤄블
- **impressive** 인상적인
  임프뤠씨브
- **amazing** 놀라운
  어메이징
- **disappointing** 실망스러운
  디써포인팅

PART 06 교통수단에서

여행지에서 이용할 수 있는 교통수단에는 버스, 지하철, 렌터카 등 여러 가지가 있습니다. 현지 상황과 일정, 예산에 맞춰 나에게 맞는 교통수단을 선택해 보세요.

28 교통수단 알아보기
29 지하철 이용하기
30 버스 이용하기
31 택시 이용하기
32 렌터카 이용하기

교통수단 이용 시 흔히 볼 수 있는 영어

버스 정류장

정차

(영국의) 지하철

출구

틈새를 조심하세요.

노약자석

주차 금지

일방통행

28 교통수단 알아보기

버스, 지하철, 택시 등 다양한 교통수단을 통해 목적지까지 이동할 수 있습니다. 이때 어떤 교통수단을 이용해 가는 것이 빠르거나 편리한지 물어보고, 가고 싶은 장소에 편하고 안전하게 이동해 봅시다.

mp3 082

필수 표현 익히기

take
테익
(교통수단을) 타다

station
스테이션
역

the best way
더 베스트 웨이
가장 좋은 방법

convenient
컨비니언트
편리한

go faster
고우 패스털
더 빨리 가다

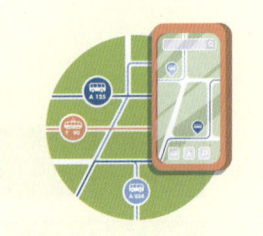
route
롯
경로, 길

express bus
익쓰프레쓰 버쓰
고속버스

go directly
고우 디뤡틀리
곧장 가다, 직행하다

transfer to
트뤤스펄 투
~로 갈아타다

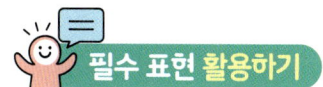
필수 표현 활용하기

저는 공항 철도를 타야 해요.

I need to take the airport train.
아이 니드 투 테익 디 에얼폴트 트뤠인

가장 가까운 역이 어디인가요?

Where is the nearest station?
웨얼 이즈 더 니얼뤼스트 스테이션

• the nearest 가장 가까운

마린 호텔로 가는 가장 좋은 방법은 무엇인가요?

What is the best way to get to the Marine Hotel?
왓 이즈 더 베스트 웨이 투 겟 투 더 머륀 호텔

어떤 것이 더 편리해요?

Which one is more convenient?
위취 원 이즈 모얼 컨비니언트

• more 더 ~한

기차가 더 빨리 가나요?

Does the train go faster?
더즈 더 트뤠인 고우 패스털

다른 경로가 있나요?

Is there an alternative route?
이즈 데얼 언 얼털너티브 룻

• alternative 대신의, 대안의

고속버스를 타시면 됩니다.

You can take the express bus.
유 캔 테익 디 익쓰프뤠쓰 버스

버스가 거기로 곧장 가지만, 시간은 더 걸려요.

The bus goes directly there but takes longer.
더 버쓰 고우즈 디뤡틀리 데얼 벗 테익쓰 롱걸

셔틀버스를 탄 다음 지하철로 갈아타세요.

Take the shuttle bus and then transfer to the subway.
테익 더 셔틀 버쓰 앤 덴 트뤤스펄 투 더 써브웨이

Scene 1

mp3 083

나　**Excuse me.**
　　익쓰큐즈 미.

　　What is the best way to get to the Marine Hotel? [1]
　　왓 이즈 더 베스트 웨이 투 겟 투 더 머륀 호텔?

직원　**You can take the express bus or the airport train.**
　　유 캔 테익 디 익쓰프뤠쓰 버스 오얼 디 에얼포트 트뤠인.

나　**Which one is more convenient?** [2]
　　위취 원 이즈 모얼 컨비니언트?

직원　**The bus goes directly there but takes longer.**
　　더 버쓰 고우즈 디뤽틀리 데얼 벗 테익스 롱걸.

나 실례합니다. 마린 호텔로 가는 가장 좋은 방법은 무엇인가요? 직원 고속버스나 공항 철도를 타시면 됩니다. 나 어떤 것이 더 편리한가요? 직원 버스가 거기로 곧장 가지만, 시간은 더 걸려요.

1 What is the best way to get to the Marine Hotel?

get to는 '~에 가다'라는 뜻이고, What is the best way to get to + 장소?는 '~에 가는 가장 좋은 방법은 무엇인가요?'라는 의미입니다. 목적지로 가는 방법이 여러 개일 때, 어떤 방법이 최선인지 물어보는 표현입니다.

2 Which one is more convenient?

more convenient는 '더 편리한'이라는 뜻의 비교급 표현입니다. Which one is + 비교급?은 '어떤 것이 더 ~한가요?'라는 의미로, 두 가지 이상의 선택지를 비교해 물을 때 사용합니다. 비교급 대신 '가장 ~한'을 나타내는 최상급을 사용하면 '어떤 것이 가장 ~한가요?' 하고 여러 선택지 중에서 최선의 방법을 물을 수 있습니다. 최상급은 the most convenient(가장 편리한)처럼 앞에 the를 붙여야 하니 주의하세요.

◎ 패턴 연습하기 | 다음을 듣고 따라 말해 보세요.

Which one is _____ ? 어떤 것이 ~한가요?
위취 원 이즈

- **faster** 더 빠른
  패스털
- **easier** 더 쉬운
  이지얼
- **cheaper** 더 저렴한
  취펄
- **the best** 가장 좋은
  더 베스트
- **the most efficient** 가장 효율적인
  더 모스트 이피션트
- **the most convenient** 가장 편리한
  더 모스트 컨비니언트

Scene 2

mp3 084

나 **Where can I take the train to Manhattan?** [1]
웨얼 캔 아이 테익 더 트뤠인 투 맨해튼?

직원 I'm sorry, but **the train is undergoing maintenance.** [2]
아임 쏘뤼, 벗 더 트뤠인 이즈 언덜고잉 메인터넌쓰.

나 Is there an alternative route?
이즈 데얼 얼털너티브 룻?

직원 Take the shuttle bus and then transfer to the subway.
테익 더 셔틀 버쓰 앤 덴 트뤤쓰펄 투 더 써브웨이.

나 Thank you.
땡큐.

• undergo maintenance 정비를 받다

나 맨해튼으로 가는 열차를 어디서 탈 수 있어요? 직원 죄송하지만, 열차가 정비를 받고 있어요. 나 다른 경로가 있을까요?
직원 셔틀버스를 탄 다음 지하철로 갈아타세요. 나 감사합니다.

---

1 Where can I take the train to Manhattan?

Where can I + 동사?는 '어디서 ~할 수 있을까요?'라는 뜻으로, 장소를 물어볼 때 많이 쓰는 표현입니다. 참고로 take는 다양한 의미를 가진 동사인데 '(교통수단) 타다'라는 뜻이 있습니다. 그래서 '~을 어디에서 탈 수 있을까요?'라고 할 때 Where can I take + 교통수단?으로 묻습니다. 이 뒤에 'to + 장소'를 넣어 해당 장소까지 가는 교통수단을 어디에서 탈 수 있을지 구체적으로 물어볼 수 있습니다.

2 The train is undergoing maintenance.

이 문장은 열차가 지금 이용 불가능하다는 의미에서 사용되었습니다. 참고로 '점검 중, 수리 중'이라는 뜻으로 under maintenance를 쓰기도 하는데, '공사 중'은 under construction이라고 합니다.

◎ 패턴 연습하기 | 다음을 듣고 따라 말해 보세요.

Where can I _____? 어디서 ~할 수 있을까요?
웨얼 캔 아이

take a taxi 택시를 타다
테익 어 택씨

take the subway 지하철을 타다
테익 더 써브웨이

take an airport limousine 공항버스를 타다
테익 언 에얼폴트 리무진

find the bus stop 버스 정류장을 찾다
파인드 더 버스 스탑

park my car 내 차를 주차하다
팔크 마이 칼

buy a train ticket 기차표를 사다
바이 어 트뤠인 티킷

29 지하철 이용하기

복잡한 도심에서는 지하철을 이용하면 교통체증 걱정 없이 빠르고 편리하게 목적지로 이동할 수 있습니다. 다만 여러 노선이 얽혀 있는 큰 역에서는 입구나 출구 찾기가 복잡해 길을 잃을 수 있으니, 장소를 찾는 표현을 잘 익혀 두세요.

mp3 085

필수 표현 익히기

subway ticket
써브웨이 티킷
지하철표

one-day pass
원 데이 패쓰
1일 이용권

which line
위취 라인
몇 호선

entrance
엔트뤈쓰
입구

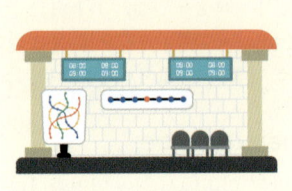
stop
스탑
(지하철, 버스의) 정거장

platform
플랫폼
승강장

ticket machine
티킷 머쉰
표 판매기

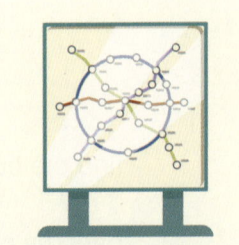
subway map
써브웨이 맵
지하철 지도

get off
겟 오프
(열차, 버스에서) 내리다

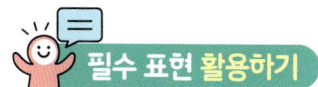 필수 표현 활용하기

어디에서 지하철표를 살 수 있나요?

Where can I buy a subway ticket?

웨얼 캔 아이 바이 어 써브웨이 티킷

거기서 1일 이용권을 살 수 있나요?

Can I buy a one-day pass there?

캔 아이 바이 어 원 데이 패쓰 데얼

> Tip one-day pass는 하루 동안 무제한으로 지정된 교통수단을 이용할 수 있는 '1일이용권'을 말합니다.

몇 호선이 월 스트리트에 가나요?

Which line goes to Wall Street?

위취 라인 고우즈 투 월 스트릿

5호선 입구가 어디 있는지 여쭤봐도 될까요?

Can I ask where the entrance to line number 5 is?

캔 아이 애스크 웨얼 디 엔트뤈쓰 투 라인 넘벌 파이브 이즈

여기서 몇 정거장 더 가야 해요?

How many stops from here?

하우 메니 스탑스 프럼 히얼

• how many 얼마나, 몇

공항으로 가는 열차 승강장이 어디죠?

Where is the platform for the train to the airport?

웨얼 이즈 더 플랫폼 포얼 더 트뤠인 투 디 에얼폴트

 저쪽에 있는 표 판매기를 이용하시면 됩니다.

You can use the ticket machine over there.

유 캔 유즈 더 티킷 머쉰 오벌 데얼

지하철 지도가 필요하세요?

Do you need a subway map?

두 유 니드 어 써브웨이 맵

다음 역에서 내리셔야 해요.

You need to get off at the next station.

유 니드 투 겟 오프 앳 더 넥쓰트 스테이션

> Tip get off는 버스, 지하철, 기차에서 내릴 때 모두 쓸 수 있는 표현입니다.

Scene 1

mp3 086

| 나 | **Excuse me. Where can I buy a subway ticket?** [1]
익쓰큐즈 미. 웨얼 캔 아이 바이 어 써브웨이 티킷? |

직원　You can use the ticket machine over there.
　　　유 캔 유즈 더 티킷 머쉰 오벌 데얼.

나　　**Can I buy a one-day pass there?** [2]
　　　캔 아이 바이 어 원 데이 패쓰 데얼?

직원　Sure. Do you need a subway map?
　　　슈얼. 두 유 니드 어 써브웨이 맵?

나　　Yes, please.
　　　예쓰, 플리즈.

나 실례합니다. 지하철표를 어디서 살 수 있나요? 직원 저쪽에 있는 표 판매기를 이용하시면 됩니다. 나 거기서 1일 이용권을 살 수 있을까요? 직원 물론이죠. 지하철 지도가 필요하세요? 나 네, 주세요.

---

1 Where can I buy a subway ticket?

작은 역이나 덜 붐비는 역에는 매표소가 따로 없고 표 판매기만 있는 경우가 많습니다. 매표소가 없다면 Where can I buy ~?(~을 어디서 살 수 있나요?)를 활용해 표를 구매할 수 있는 곳을 물어보세요.

2 Can I buy a one-day pass there?

여기서 there은 앞서 말한 the ticket machine(표 판매기)을 가리킵니다. 특정한 장소에서 원하는 것을 구매할 수 있는지 물어볼 때는 Can I buy ~ there?(거기서 ~을 살 수 있을까요?)를 사용해 보세요.

◎ 패턴 연습하기 | 다음을 듣고 따라 말해 보세요.

Can I buy ＿＿＿＿ there? 거기서 ~을 살 수 있을까요?
캔 아이 바이　　　　　　데얼

a one-way ticket 편도 표
어 원 웨이 티킷

a round-trip ticket 왕복표
어 라운드 트립 티킷

a children's ticket 어린이 표
어 췰드런즈 티킷

a weekly pass 일주일 이용권
어 위클리 패쓰

a tourist pass 관광객용 이용권
어 투어뤼스트 패쓰

an express pass 급행 이용권
언 익쓰프뤠쓰 패쓰

Scene 2

나	**Excuse me. Which line goes to Wall Street?** [1]
	익쓰큐즈 미. 위취 라인 고우즈 투 월 스트릿?
직원	**Line number 5 goes there.**
	라인 넘벌 파이브 고우즈 데얼.
나	**Can I ask where the entrance to line number 5 is?** [2]
	캔 아이 애스크 웨얼 디 엔트뤈쓰 투 라인 넘벌 파이브 이즈?
직원	**Line number 5 is the green line, so follow the green signs to find it.**
	라인 넘벌 파이브 이즈 더 그륀 라인, 쏘 팔로우 더 그륀 싸인즈 투 파인드 잇.

• green 초록색의 follow 따라가다

나 실례합니다. 몇 호선이 월 스트리트에 가나요? 직원 5호선이 거기 갑니다. 나 5호선 입구가 어디 있는지 여쭤봐도 될까요?
직원 5호선은 초록색이니까 찾으려면 초록색 표지판을 따라가세요.

1 Which line goes to Wall Street?

1호선, 2호선 같은 지하철의 '노선'을 line이라고 합니다. which line은 '무슨 노선', 즉 '몇 호선'이라는 뜻인데, '몇 호선이 ~에 가나요?'는 Which line goes to + 장소?로 물어보면 됩니다. 여러 노선이 있는 역에서 지하철을 탈 때는 이 표현을 사용해 탑승할 노선을 확인해 보세요.

2 Can I ask where the entrance to line number 5 is?

그냥 Where is + 장소?(~이 어디 있나요?)라고 묻는 것보다 Can I ask ~?(~을 여쭤봐도 될까요?)를 앞에 붙이면 더 정중한 표현이 됩니다. 이때 Can I ask 뒤에는 간접의문문 형태가 오므로 '의문사(where) + 주어(장소) + 동사(is)' 어순으로 써야 합니다.

○ 패턴 연습하기 | 다음을 듣고 따라 말해 보세요.

Can I ask where _____ is? ~이 어디 있는지 여쭤봐도 될까요?
캔 아이 애스크 웨얼   이즈

- the escalator 에스컬레이터
  디 에스컬레이럴
- the elevator 엘리베이터
  디 엘러베이럴
- the turnstile 개찰구
  더 턴스타일
- the taxi stand 택시 승강장
  더 택씨 스탠드
- the bus stop 버스 정류장
  더 버쓰 스탑
- the subway station 지하철역
  더 써브웨이 스테이션

30 버스 이용하기

버스는 요금도 저렴한 편이고 바깥 풍경을 즐길 수 있어 여행할 때 많이 이용하는 대중 교통수단 중 하나입니다. 목적지로 가는 버스 번호가 몇 번인지, 요금은 어떻게 내는지 등을 물어보세요.

which bus
위취 버쓰
어느 버스, 몇 번 버스

go to
고우 투
~에 가다

bus fare
버쓰 페얼
버스 요금

load money
로드 머니
(카드에) 돈을 충전하다

next stop
넥쓰트 스탑
다음 정거장

be on the wrong bus
비 온 더 륑 버쓰
버스를 잘못 타다

transit card
트뤤짓 칼드
교통 카드

tap the card
탭 더 칼드
카드를 대다

across the street
어크로쓰 더 스트릿
길 건너편에서

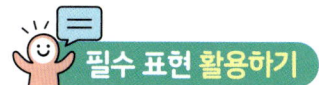

필수 표현 활용하기

어느 버스가 본다이 비치에 가나요?

Which bus goes to Bondi Beach?
위취 버쓰 고우즈 투 본다이 비취

이 버스가 센트럴 파크에 가나요?

Does this bus **go to** Central Park?
더즈 디쓰 버쓰 고우 투 쎈트뤌 팔크

버스 요금을 현금으로 내도 되나요?

Can I pay the **bus fare** with cash?
캔 아이 페이 더 버쓰 페얼 위드 캐쉬

• cash 현금

제가 어디에서 교통 카드에 돈을 충전할 수 있나요?

Where can I **load money** onto my transit card?
웨얼 캔 아이 로드 머니 온투 마이 트뤤짓 칼드

다음 정거장에서 내려야 합니다.

I should get off at the **next stop**.
아이 슈드 겟 오프 앳 더 넥쓰트 스탑

• get off 내리다

제가 버스를 잘못 탄 것 같아요.

I think **I'm on the wrong bus**.
아이 띵크 아임 온 더 뤙 버쓰

교통 카드를 구입하셔야 합니다.

You need to buy a **transit card**.
유 니드 투 바이 어 트뤤짓 칼드

기계에 카드를 대세요.

Tap the card on the machine.
탭 더 칼드 온 더 머쉰

Tip
tap은 '가볍게 두드리다'라는 의미인데, 비접촉식 결제에서는 카드를 '갖다 대다'라는 의미로 쓰여요.

길 건너편에서 버스를 타셨어야 해요.

You should have taken the bus **across the street**.
유 슈드 해브 테이큰 더 버쓰 어크로쓰 더 스트륏

Scene 1

mp3 089

나 Excuse me. **Which bus goes to Bondi Beach?** [1]
익쓰큐즈 미. 위취 버쓰 고우즈 투 본다이 비취?

행인 Bus number 30 goes there.
버쓰 넘벌 떠뤼 고우즈 데얼.

나 **Can I pay the bus fare with cash?** [2]
캔 아이 페이 더 버쓰 페얼 위드 캐쉬?

행인 No, you need to buy a transit card and load money onto it.
노, 유 니드 투 바이 어 트뤤짓 칼드 앤 로드 머니 온투 잇.

나 Thank you for letting me know.
땡큐 포얼 레링 미 노.

나 실례합니다. 어느 버스가 본다이 비치에 가나요? 행인 버스 30번이 거기 가요. 나 버스 요금을 현금으로 내도 되나요? 행인 아니요, 교통 카드를 구입해서 거기에 돈을 충전해야 해요. 나 알려 주셔서 감사합니다.

---

1 Which bus goes to Bondi Beach?

Which bus goes to + 장소?는 목적지까지 가는 버스 번호를 확인할 때 사용하는 표현입니다. 전치사 to 뒤에 가고자 하는 목적지를 넣어 물어보세요.

2 Can I pay the bus fare with cash?

나라마다 교통 요금을 내는 방법이 다양한데, 요즘은 교통카드와 모바일 결제가 기본이라 현금을 받지 않는 곳도 꽤 많습니다. 탑승 전에 Can I pay ~ with cash?(~을 현금으로 내도 되나요?)를 활용해 현금 결제가 가능한지 미리 확인해 보세요.

✪ 패턴 연습하기 | 다음을 듣고 따라 말해 보세요.

Can I pay the _____ with cash? ~을 현금으로 내도 되나요?
캔 아이 페이 더/디   위드 캐쉬

- **train fare** 기차 요금
  트뤠인 페얼
- **metro fare** 지하철 요금
  메트로 페얼
- **cruise fare** 크루즈 요금
  크루즈 페얼
- **taxi fare** 택시 요금
  택씨 페얼
- **toll** 통행료
  톨
- **parking fee** 주차비
  팔킹 피

Scene 2

mp3 090

나 　Excuse me. **Does this bus go to Central Park?** [1]
익쓰큐즈 미. 더즈 디쓰 버쓰 고우 투 쎈트뤌 팔크?

버스 기사 　No, you are on the wrong bus.
노, 유 알 온 더 뤙 버쓰.

　You should have taken the bus across the street. [2]
유 슈드 해브 테이큰 더 버쓰 어크로쓰 더 스트륏.

나 　Oh, where should I transfer?
오, 웨얼 슈다이 트뤤스펄?

버스 기사 　Please get off here and take the bus across the street.
플리즈 겟 오프 히얼 앤 테익 더 버쓰 어크로쓰 더 스트륏.

나 실례합니다. 이 버스가 센트럴 파크에 가나요? 버스 기사 아니요, 버스 잘못 타셨어요. 길 건너편에서 버스를 타셨어야 해요.
나 앗, 어디서 갈아타야 하죠? 버스 기사 여기서 내려서 길 건너편에서 버스를 타세요.

---

1 Does this bus go to Central Park?

'이 버스가 ~에 가나요?'라고 물을 때 Does this bus go to + 장소?를 사용하세요. 버스 타기 전이나 버스 타고 가는 중에 모두 쓸 수 있으며, 내가 가려는 목적지까지 해당 버스가 운행하는지 확인할 때 사용하는 표현입니다.

2 You should have taken the bus across the street.

'should have + 과거분사'는 ~했었어야 했는데 (하지 않았다)'라는 뜻으로, 이미 일어난 사실에 대해 아쉬움, 후회, 충고 등을 표현할 때 씁니다.

○ 패턴 연습하기 | 다음을 듣고 따라 말해 보세요.

Does this bus go to _____? 이 버스가 ~에 가나요?
더즈 디쓰 버쓰 고우 투

Chinatown 차이나타운
촤이너타운

the national park 국립 공원
더 내셔널 팔크

Queen Station 퀸 역
퀸 스테이션

the arena 원형 경기장, 공연장
디 어리너

the soccer stadium 축구 경기장
더 싸컬 스테이디엄

the city center 도심
더 씨티 쎈털

PART 06 교통수단에서　143

31 택시 이용하기

mp3 091

다른 교통수단에 비해 요금이 비싼 만큼, 택시를 타면 목적지까지 편안하게 이동할 수 있습니다. 택시기사에게 가고자 하는 곳을 정확하게 설명해 편안한 여행을 즐겨 보세요. 택시에서 내릴 때 쓰는 표현도 꼼꼼하게 익혀 두세요.

필수 표현 익히기

take A to B
테익 에이 투 비
A를 B로 데리고 가다

address
애드뤠쓰
주소

how long
하우 롱
(시간이) 얼마나

turn on the meter
턴 온 더 미럴
미터기를 켜다

traffic light
트뤠픽 라잇
(교통) 신호등

open the trunk
오픈 더 트뤙크
트렁크를 열다

fixed price
픽스트 프라이쓰
확정 가격, 정찰제

drop off
드랍 오프
(차에서) 내려 주다

rush hour
뤄쉬 아월
러시아워/붐비는 시간

국제 공항으로 가 주시겠어요?

Could you take me to the international airport?
쿠드 유 테익 미 투 디 인털내셔널 에얼폴트

이 주소로 가 주세요.

To this address, please.
투 디쓰 애드뤠쓰 플리즈

거기까지 가는 데 시간이 얼마나 걸리나요?

How long does it take to get there?
하우 롱 더즈 잇 테익 투 겟 데얼

미터기를 켜 주세요.

Please turn on the meter.
플리즈 턴 온 더 미럴

• turn on 켜다

다음 신호등에서 세워 주시겠어요?

Can you stop at the next traffic light?
캔 유 스탑 앳 더 넥쓰트 트뤠픽 라잇

트렁크 좀 열어 주시겠어요?

Could you open the trunk?
쿠드 유 오픈 더 트뤙크

정찰제로 해 드릴게요.

I'll give you a fixed price.
아일 기브 유 어 픽스트 프라이쓰

Tip 특정 목적지까지 정찰제(fixed price)를 제안하는 택시 기사도 있으니 잘 흥정해 보세요.

다음 코너에서 내려 드릴게요.

I'll drop you off at the next corner.
아일 드랍 유 오프 앳 더 넥쓰트 콜널

지금은 붐비는 시간이에요.

It's rush hour now.
잇츠 뤄쉬 아월 나우

Tip rush hour은 보통 출퇴근 혼잡 시간대를 말하는데, 일반적으로 '붐비는 시간'을 의미합니다.

Scene 1

mp3 092

나 **Could you take me to the international airport?** [1]
쿠드 유 테익 미 투 디 인털내셔널 에얼폴트?

택시 기사 **Of course.**
어브 콜쓰.

나 **How long does it take to get there?** [2]
하우 롱 더즈 잇 테익 투 겟 데얼?

택시 기사 **Around 30 minutes.**
어롸운드 떠뤼 미닛츠.

나 **Great. I should be on time then.**
그뤠잇. 아이 슈드 비 온 타임 덴.

• around 대략, 대개   on time 제때에

나 국제 공항으로 가 주시겠어요? 택시 기사 그럼요. 나 거기까지 가는 데 시간이 얼마나 걸리나요? 택시 기사 30분 정도요.
나 좋네요. 그러면 제시간에 가겠어요.

---

1 Could you take me to the international airport?

상대방에게 정중하게 부탁할 때 Could you + 동사?를 사용합니다. 'take + 사람 + to + 장소'는 '(사람)을 (장소)로 데리고 가다'라는 뜻으로 Could you take me to + 장소?를 활용해 택시 기사에게 '저를 (장소)로 데려다 주시겠어요?'라고 요청해 보세요. 더 간단하게 To + 장소, please.라고만 해도 괜찮습니다.

2 How long does it take to get there?

택시가 출발하기 전, 목적지까지 가는 데 걸리는 시간이 궁금할 때 이렇게 물어보세요. how long은 '(시간이) 얼마나'라는 뜻입니다. 동사 take는 '(교통수단을) 타다', '(물건을) 가져가다' 등 다양한 뜻을 가지고 있는데, 여기서는 '(시간이) 걸리다'라는 의미로 사용되었습니다.

◎ 패턴 연습하기 | 다음을 듣고 따라 말해 보세요.

Could you take me to _____? ~로 데려다 주시겠어요?
쿠드 유 테익 미 투

the downtown area 도심 지역
더 다운타운 에뤼어

the Museum of Modern Art 현대 미술관
더 뮤지엄 어브 마던 알트

the botanic garden 식물원
더 버태닉 갈든

the Statue of Liberty 자유의 여신상
더 스태츄 어브 리벌티

the National Gallery 국립 미술관
더 내셔널 갤러뤼

Times Square 타임스 스퀘어
타임즈 스퀘얼

Scene 2

mp3 093

나 **Excuse me. Can you stop here?** [1]
익쓰큐즈 미. 캔 유 스탑 히얼?

택시 기사 Sorry. I can't stop here.
쏘뤼. 아이 캔트 스탑 히얼.

I'll drop you off at the next corner. [2]
아이 드랍 유 오프 앳 더 넥쓰트 콜널.

나 Thank you. Oh, and could you open the trunk?
땡큐. 오, 앤 쿠드 유 오픈 더 트뤙크?

택시 기사 No worries. I'll help you out there.
노 워뤼즈. 아일 헬프 유 아웃 데얼.

나 실례합니다. 여기서 세워 주시겠어요? 택시 기사 죄송한데 여기서는 세울 수 없어요. 다음 길모퉁이에서 내려 드릴게요. 나 감사합니다. 아, 그리고 트렁크 좀 열어 주시겠어요? 택시 기사 걱정하지 마세요. 거기서 제가 도와드릴게요.

---

1 Can you stop here?

stop에는 '멈추다'라는 의미뿐만 아니라 '(차를) 세우다'라는 뜻도 있습니다. 목적지 근처에 도착해서 내리기 편한 곳을 발견했다면 Can you stop ~? 뒤에 장소를 나타내는 표현을 넣어서 택시를 세워 달라고 부탁해 보세요.

2 I'll drop you off at the next corner.

drop off는 '(차에서) ~을 내려 주다'라는 의미로, 목적어가 me, you, her과 같은 대명사일 경우에는 반드시 drop과 off 사이에 와야 합니다. 예를 들어 '여기서 저를 내려 주실래요?'는 Can you drop me off here?이 라고 합니다.

○ 패턴 연습하기 | 다음을 듣고 따라 말해 보세요.

Can you stop _____ ? ~에서 세워 주시겠어요?
캔 유 스탑

at the corner 길모퉁이에서
앳 더 콜널

near the subway station 지하철역 근처에서
니얼 더 써브웨이 스테이션

before the crosswalk 건널목 앞에서
비포얼 더 크로쓰웍

next to the bus stop 버스 정류장 옆에서
넥쓰트 투 더 버쓰 스탑

before the bridge 다리 앞에서
비포얼 더 브뤼쥐

by the hotel entrance 호텔 입구 옆에서
바이 더 호텔 엔트뤈쓰

32 렌터카 이용하기

차를 빌려 여행하면 대중교통으로는 가기 힘든 장소로도 자유롭게 이동할 수 있습니다. 렌터카를 인수하기 전에 꼼꼼히 차 상태를 확인하고, 사고에 대비해 보험에 가입되어 있는지도 점검해 보세요.

mp3 094

필수 표현 익히기

rental car
렌틀 카
렌터카

rent a car
뤤트 어 카
차를 빌리다

GPS
쥐피에쓰
내비게이션

full-coverage insurance
풀 커버뤼쥐 인슈뤈쓰
종합책임보험

dent
덴트
찌그러진 곳

return the car
뤼턴 더 카
차를 반납하다

fill up
필 업
(차에) 연료를 가득 넣다

accident
액씨던트
사고

late fee
레잇 피
연체료

필수 표현 활용하기

렌터카를 예약했습니다.
I have a reservation for a **rental car**.
아이 해브 어 뤠절베이션 포얼 어 뤤틀 칼

현장에서 바로 차를 빌릴 수 있나요?
Can I **rent a car** on the spot?
캔 아이 뤤트 어 칼 온 더 스팟

• on the spot 현장에서

렌트 비용에 내비게이션이 포함되어 있나요?
Is **GPS** included in the rental?
이즈 쥐피에쓰 인클루디드 인 더 뤤틀

Tip GPS는 Global Positioning System(전 세계 위치 확인 시스템)의 약자입니다. 일상적으로는 '내비게이션'이라는 뜻으로 사용됩니다.

종합책임보험을 추가할 수 있을까요?
Can I add **full-coverage insurance**?
캔 아이 애드 풀 커버뤼쥐 인슈뤈쓰

차 옆쪽에 작게 찌그러진 곳이 있어요.
There's a small **dent** on the side of the car.
데얼즈 어 스몰 덴트 온 더 싸이드 어브 더 칼

Tip 렌트하기 전에 차량에 이상이 없는지 꼼꼼히 확인하세요. '긁힌 곳'은 scratch, '얼룩'은 stain이라고 합니다.

차를 반납하는 게 늦었어요.
I'm late **returning the car**.
아임 레잇 뤼터닝 더 칼

차에 기름을 넣을 시간이 없었어요.
I didn't have time to **fill up** the car with gas.
아이 디든트 해브 타임 투 필 업 더 칼 위드 개쓰

• gas 휘발유, 가솔린

그 보험은 모든 종류의 사고나 손상을 보장해 줄 겁니다.
The insurance will cover all types of **accidents** and damage.
디 인슈뤈쓰 윌 커벌 올 타입쓰 어브 액씨던츠 앤 대미쥐

• cover (보험이) 보장하다

한 시간당 20달러의 연체료가 있어요.
There is a 20-dollar **late fee** for every hour.
데얼 이즈 어 트웨니 달럴 레잇 피 포얼 에브뤼 아월

• for every hour 한 시간당

Scene 1

mp3 095

| 나 | **Hi. I have a reservation for a rental car.** [1]
하이. 아이 해브 어 뤠절베이션 포얼 어 뤤틀 칼.

My name is Sujin.
마이 네임 이즈 수진.

| 직원 | Let me check... Yes, your car is ready.
렛 미 첵... 예쓰, 유얼 칼 이즈 뤠디.

| 나 | Can I add full-coverage insurance?
캔 아이 애드 풀 커버뤼쥐 인슈뤈쓰?

| 직원 | Sure, **it will cover all types of accidents and damage.** [2]
슈얼, 잇 윌 커벌 올 타입쓰 어브 액씨던츠 앤 대미쥐.

나 안녕하세요. 렌터카를 예약했습니다. 제 이름은 수진이에요. 직원 확인해 볼게요… 네, 고객님 차가 준비되었습니다. 나 종합책임보험을 추가할 수 있을까요? 직원 물론이죠, 모든 종류의 사고와 손상을 보장해 줄 거예요.

1 I have a reservation for a rental car.

reservation은 '예약'을 뜻하고, 'have a reservation for + 명사'는 '(~에 대한) 예약이 있다'라는 뜻입니다. 카운터에 가서 비행기, 호텔, 렌터카 등에 예약이 되어 있음을 밝힐 때 사용하는 표현입니다. 참고로 I have a reservation for a rental car under the name Sujin.(수진이라는 이름으로 렌터카 예약했어요.)처럼 'under the name + 이름'을 뒤에 붙여, 예약자의 이름을 밝힐 수도 있습니다.

2 It will cover all types of accidents and damage.

cover의 기본적인 뜻은 '덮다'인데, 보험에서는 '보장해 주다'라는 의미가 있습니다. 참고로 full-coverage insurance는 사고나 손상 시 모든 보장을 해 준다는 뜻으로, 차를 빌릴 때 알아 두면 유익한 표현입니다.

◎ 패턴 연습하기 | 다음을 듣고 따라 말해 보세요.

I have a reservation for _____. ~을 예약했습니다.
아이 해브 어 뤠절베이션 포얼

a hybrid car 하이브리드 차
어 하이브뤼드 칼

a convertible (지붕이 열리는) 오픈카
어 컨벌터블

an electric car 전기차
언 일렉트뤽 칼

a sports car 스포츠카
어 스포츠 칼

a camper van 캠핑카
어 캠펄 밴

a compact car 소형 승용차
어 컴팩트 칼

Scene 2

mp3 096

나 **I'm sorry. I'm late returning the car.**
아임 쏘뤼. 아임 레잇 뤼터닝 더 칼.

직원 **It's okay, but there is a 20-dollar late fee for every hour.**
잇츠 오케이, 벗 데얼 이즈 어 트웨니 달럴 레잇 피 포얼 에브뤼 아월.

나 **I didn't have time to fill up the car with gas.** ¹
아이 디든트 해브 타임 투 필 업 더 칼 위드 개쓰.

직원 **There's a 30-dollar refueling charge plus the cost of the gas.** ²
데얼즈 어 떠뤼 달럴 뤼퓨얼링 찰쥐 플러쓰 더 코스트 어브 더 개쓰.

나 **I understand. I'll pay for both.**
아이 언덜스탠드. 아일 페이 포얼 보뜨.

• refueling charge 주유 요금, 연료 보충 요금 plus ~에 더해서 cost 값, 비용

나 죄송해요. 차를 반납하는 게 늦었어요. 직원 괜찮습니다만, 한 시간당 20달러의 연체료가 있어요. 나 차에 기름을 넣을 시간이 없었어요. 직원 30달러의 주유 서비스 요금이 있고, 기름 값은 별도입니다. 나 알겠습니다. 둘 다 지불할게요.

---

1 I didn't have time to fill up the car with gas.

I didn't have time to + 동사.는 '제가 ~할 시간이 없었어요'라는 뜻입니다. 시간이 없어서 어떤 일을 못 했다고 변명할 때 쓸 수 있는 표현입니다. fill up은 '(차에) 연료를 가득 채우다'라는 뜻으로, 주유소에 가서 '기름을 가득 채워 주세요'라고 할 때 Fill it up, please.라고 합니다.

2 There's a 30-dollar refueling charge plus the cost of the gas.

요금 규정을 설명하며 'A의 요금이 있고, B의 요금은 별도입니다'라고 할 때 There's A plus B.라고 합니다. plus 뒤에 나오는 표현이 추가되는 별도 금액입니다.

◎ 패턴 연습하기 | 다음을 듣고 따라 말해 보세요.

I didn't have time to _____. ~할 시간이 없었어요.
아이 디든트 해브 타임 투

call ahead 미리 전화하다
콜 어헤드

refuel the car 차에 기름을 넣다
뤼퓨얼 더 칼

check the fuel level 연료 상태를 확인하다
첵 더 퓨얼 레벌

check the return location 반납 장소를 확인하다
첵 더 뤼턴 로케이션

extend the rental period 렌트 기간을 연장하다
익쓰텐드 더 뤤틀 피뤼어드

stop by the gas station 주유소에 들르다
스탑 바이 더 개쓰 스테이션

PART 07 관광할 때

박물관이나 미술관에 가거나 뮤지컬 같은 공연을 보며 그 나라의 문화를 체험하는 것도 여행의 즐거움이 될 수 있습니다. 유명한 명소를 방문하고 공연도 관람하며 자유롭게 관광을 즐겨 보세요.

33 티켓 구매하기
34 티켓 변경 및 취소하기
35 투어 예약하기
36 이용 시간 확인하기
37 박물관 및 미술관 관람하기
38 공연 관람하기
39 사진 촬영하기
40 길 찾기

관광할 때 흔히 볼 수 있는 영어

관광 안내소

매표소

출입 금지

사진 촬영 금지

음식물 반입 금지

만지지 마시오.

잔디밭에 들어가지 마시오.

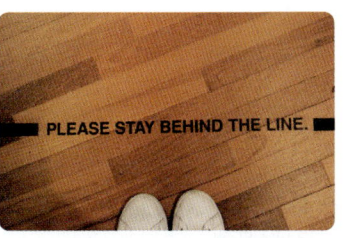
선 뒤에서 관람해 주세요.

33 티켓 구매하기

관광지에 가면 가장 먼저 해야 할 일은 티켓 구매입니다. 박물관이나 미술관에 방문해 원하는 티켓을 구입해 보세요. 할인이 되는지 확인하는 것도 잊지 마시고요. 보고 싶은 공연이 있다면 현장에서 티켓을 구매하며 원하는 좌석을 선택해 보세요.

adult / child
어덜트 / 촤일드
어른 / 아이

admission
애드미션
입장, 입장료

guided tour
가이디드 투얼
가이드 투어

line for
라인 포얼
~을 기다리는 줄

senior discount
씨니얼 디스카운트
경로 우대 할인

choose *one's* seat
츄즈 원즈 씻
좌석을 선택하다

the best seat
더 베스트 씻
가장 좋은 좌석

row
로
줄, 열

online
온라인
온라인에서, 온라인으로

필수 표현 활용하기

어른 둘에 아이 하나 티켓 주세요.
I'd like tickets for two **adults** and one **child**, please.
아이드 라익 티킷츠 포얼 투 어덜츠 앤 원 촤일드 플리즈

Tip 아이가 한 명일 때는 child, 여러 명일 때는 복수형인 children을 씁니다.

일반 입장으로 주세요.
General **admission**, please.
줴너럴 애드미션 플리즈

• general 일반의, 보통의

가이드 투어 티켓을 사고 싶어요.
I'd like to buy a **guided tour** ticket.
아이드 라익 투 바이 어 가이디드 투얼 티킷

이게 티켓 사는 줄인가요?
Is this the **line for** tickets?
이즈 디쓰 더 라인 포얼 티킷츠

경로 우대 할인을 받을 수 있을까요?
Can I get a **senior discount**?
캔 아이 겟 어 씨니얼 디스카운트

Tip 매표소에서 student discount (학생 할인)와 group discount (단체 할인)도 많이 제공합니다.

제가 공연 좌석을 선택할 수 있나요?
Can I **choose my seat** for the show?
캔 아이 츄즈 마이 씻 포얼 더 쇼

남은 좌석 중에 가장 좋은 좌석이 어디예요?
Where is **the best seat** you have left?
웨얼 이즈 더 베스트 씻 유 해브 레프트

3번째와 10번째 줄에 좌석이 있어요.
We have seats in the third and tenth **rows**.
위 해브 씻츠 인 더 떨드 앤 텐뜨 로즈.

• 서수 + row ~번째 줄

온라인에서 할인된 가격으로 티켓을 구매하실 수 있어요.
You can buy tickets **online** at a discount.
유 캔 바이 티킷츠 온라인 앳 어 디스카운트

Scene 1

나 **I'd like tickets for two adults and one child, please.** [1]
아이드 라익 티킷츠 포얼 투 어덜츠 앤 원 촤일드, 플리즈.

직원 **Would you like guided tour tickets or general admission?** [2]
우쥬 라익 가이디드 투얼 티킷츠 오얼 쮀너럴 애드미션?

나 **General admission, please.**
쮀너럴 애드미션, 플리즈.

직원 **The total is 50 dollars.**
더 토를 이즈 피프티 달럴즈.

나 **Here's my card.**
히얼즈 마이 칼드.

• total 합계, 총액

나 어른 둘에 아이 하나 티켓 주세요. 직원 가이드 투어 티켓을 원하시나요, 아니면 일반 입장을 원하세요? 나 일반 입장으로 주세요. 직원 전부 해서 50달러입니다. 나 여기 카드 드릴게요.

1 I'd like tickets for two adults and one child, please.

매표소에 가서 티켓을 구매할 때는 '~을 위한 티켓을 원합니다'라는 뜻의 I'd like tickets for ~.으로 말해 보세요. 간단하게 Two adults and one child, please.라고 말해도 괜찮습니다. 참고로 어른 티켓 한 장만 구매할 때는 I'd like a ticket for one adult.(어른 티켓 한 장 주세요.)라고 말하면 됩니다.

2 Would you like guided tour tickets or general admission?

Would you like A or B?는 'A와 B 중에 무엇을 원하세요?'라는 뜻으로, 둘 중에 무엇을 원하는지 물어볼 때 사용합니다. 참고로 guided tour ticket은 가이드의 안내가 포함된 티켓인데, 그냥 입장만 가능한 general admission(일반 입장)보다 가격이 조금 더 비쌉니다.

❂ 패턴 연습하기 | 다음을 듣고 따라 말해 보세요.

I'd like tickets for _____. ~ 티켓 주세요.
아이드 라익 티킷츠 포얼

three people 3명
뜨뤼 피플

the soccer game 축구 경기
더 싸컬 게임

a group of four 4명
어 그룹 오브 포얼

the evening performance 저녁 공연
디 이브닝 펄폴먼쓰

two children 아이 2명
투 췰드뤈

the first-row seats 첫 번째 줄 좌석
더 펄스트 로 씻츠

Scene 2

mp3 099

나 Hi. I'd like to buy a ticket for tonight's show.
하이. 아이드 라익 투 바이 어 티킷 포얼 터나잇츠 쇼.

직원 Sure. There's a show at 7:30.
슈얼. 데얼즈 어 쇼 앳 쎄븐 떠뤼.

나 Great! **Can I choose my seat for the show?** [1]
그뤠잇! 캔 아이 츄즈 마이 씻 포얼 더 쇼?

직원 Yes, but we only have seats in the third and tenth rows.
예쓰, 벗 위 온리 해브 씻츠 인 더 떨드 앤 텐뜨 로즈.

나 Then **I'd like a seat in the middle of the third row, please.** [2]
덴 아이드 라익 어 씻 인 더 미들 어브 더 떨드 로, 플리즈.

• **middle** 중앙, 중간

나 안녕하세요. 오늘 밤 공연 표를 사고 싶은데요. **직원** 네. 7시 30분에 공연이 있습니다. **나** 좋네요! 제가 공연 좌석을 선택할 수 있나요?
직원 네, 하지만 3번째 줄과 10번째 줄에만 좌석이 있어요. **나** 그러면 3열 중앙에 있는 좌석을 주세요.

---

1 Can I choose my seat for the show?

티켓을 구매하면서 좌석이나 날짜 등을 선택할 수 있는지 확인할 때 Can I choose ~?(제가 ~을 선택할 수 있나요?)로 물어보세요. 투어를 예약하면서 내가 어떤 옵션을 선택할 수 있는지 확인할 때도 사용할 수 있습니다.

2 I'd like a seat in the middle of the third row, please.

어떤 좌석을 달라고 할 때는 정중한 부탁 표현인 I'd like ~.(~을 원합니다.)를 활용해 말해 보세요. in the middle은 '가운데에'라는 뜻인데, '중앙 근처에 있는 좌석으로 주세요'는 I'd like a seat near the center, please.라고 합니다.

✚ 패턴 연습하기 | 다음을 듣고 따라 말해 보세요.

Can I choose _____? ~을 선택할 수 있나요?
캔 아이 츄즈

the show date 공연 날짜
더 쇼 데잇

the showtime 공연 시작 시간
더 쇼타임

the tour time 투어 시간
더 투얼 타임

a front-row seat 앞줄 좌석
어 프런트 로 씻

a local guide 현지 가이드
어 로컬 가이드

a hotel pickup option 호텔 픽업 옵션
어 호텔 픽업 압션

34 티켓 변경 및 취소하기

상황에 따라 예약해 둔 티켓을 변경하거나 취소해야 할 수도 있습니다. 날짜나 시간 변경이 가능한지 문의하고, 환불을 얼마나 받을 수 있는지도 확인해 보세요. 늦게 취소하면 취소 수수료가 발생할 수도 있으니 주의하세요.

mp3 100

필수 표현 익히기

date
데잇
날짜

time slot
타임 슬랏
시간대

available
어베일러블
이용 가능한

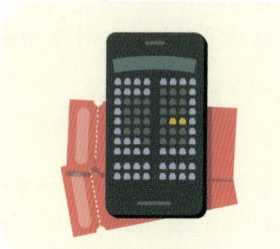
seat assignment
씻 어싸인먼트
좌석 배정

cancellation fee
캔썰레이션 피
취소 수수료

full refund
풀 뤼펀드
전액 환불

partial refund
팔셜 뤼펀드
부분 환불

business day
비즈니쓰 데이
영업일

sold out
쏠드 아웃
매진된, 다 팔린

필수 표현 활용하기

제 티켓 날짜를 변경할 수 있나요?
Can I change the date of my ticket?
캔 아이 췌인쥐 더 데잇 어브 마이 티킷

다른 시간대로 변경할 수 있나요?
Can I switch to a different time slot?
캔 아이 스위취 투 어 디퍼륀트 타임 슬랏

• slot 시간대

일요일에 가능한 티켓이 있나요?
Are there any tickets available for Sunday?
알 데얼 에니 티킷츠 어베일러블 포얼 썬데이

제 좌석 배정을 바꿀 수 있을까요?
May I change my seat assignment?
메이 아이 췌인쥐 마이 씻 어싸인먼트

• assignment 배정

취소 수수료가 있나요?
Is there a cancellation fee?
이즈 데얼 어 캔썰레이션 피

지금 취소하면 전액 환불을 받을 수 있나요?
Can I get a full refund if I cancel now?
캔 아이 겟 어 풀 뤼펀드 이프 아이 캔쓸 나우

공연 하루 전날에는 부분 환불만 받으실 수 있어요.
You can only receive a partial refund the day before the show.
유 캔 온리 뤼씨브 어 팔셜 뤼펀드 더 데이 비포얼 더 쇼

환불은 영업일 기준으로 5일 정도 걸려요.
Your refund should take around five business days.
유얼 뤼펀드 슈드 테익 어라운드 파이브 비즈니쓰 데이즈

Tip 신용카드로 결제한 경우, 환불이 바로 되지 않고 시간이 걸릴 수도 있으니 주의하세요.

토요일 티켓은 매진되었어요.
All the tickets for Saturday are sold out.
올 더 티킷츠 포얼 쌔럴데이 알 쏠드 아웃

 **Scene 1**

mp3 101

나	**Can I change my tickets from Friday to Saturday?**
	캔 아이 췌인쥐 마이 티킷츠 프럼 프라이데이 투 쌔럴데이?

직원	**I'm sorry, but all the tickets for Saturday are sold out.** [1]
	아임 쏘뤼, 벗 올 더 티킷츠 포얼 쌔럴데이 알 쏠드 아웃.

나	**Are there any tickets available for Sunday?** [2]
	알 데얼 에니 티킷츠 어베일러블 포얼 썬데이?

직원	**Yes, there are. Shall I change your ticket to Sunday for you?**
	예쓰, 데얼 알. 쉘 아이 췌인쥐 유얼 티킷 투 썬데이 포얼 유?

나	**Yes, please. Thank you.**
	예쓰, 플리즈. 땡큐.

나 제 티켓을 금요일에서 토요일로 바꿀 수 있을까요? 직원 죄송하지만, 토요일 티켓은 매진되었어요. 나 일요일에 이용 가능한 티켓이 있나요? 직원 네, 있어요. 티켓을 일요일로 변경해 드릴까요? 나 네, 부탁드려요. 감사합니다.

---

1 All the tickets for Saturday are sold out.

sold out은 '다 팔린'이라는 뜻으로, 티켓이나 물건이 다 팔려서 구매할 수 없을 때 쓰는 말입니다. 티켓이나 좌석이 주어일 때는 '매진된', 물건이나 상품이 주어일 때는 '품절된'이라는 의미로 이해하면 됩니다. 예를 들어 가게에서 The item is sold out.이라고 하면 '그 상품은 품절되었어요'라는 뜻입니다.

2 Are there any tickets available for Sunday?

available은 '이용할 수 있는'이라는 뜻입니다. 이용 가능한 티켓이나 좌석, 물건 등이 있는지 궁금할 때는 Are there any + 복수 명사 + available?의 형태로 물어보세요. 이 뒤에 'for + 시간'을 넣으면 그 시간에 이용 가능한지 물을 수 있습니다.

◆ **패턴 연습하기** | 다음을 듣고 따라 말해 보세요.

Are there any ▢ available? 이용 가능한 ~이 있나요?
알 데얼 에니   어베일러블

tours 투어	passes 입장권	rooms 방
투얼즈	패씨즈	룸즈
shows 공연	activities 활동	vacancies 빈 방
쇼즈	액티버티즈	베이컨씨즈
seats 좌석	lockers 사물함	tables (식당의) 자리
씻츠	라컬즈	테이블즈

Scene 2

mp3 102

나 Hi. I need to cancel my ticket for Friday's show.
하이. 아이 니드 투 캔쓸 마이 티킷 포 프라이데이즈 쇼.

직원 No problem. Could you give me your ticket and receipt?
노 프라블럼. 쿠드 유 기브 미 유얼 티킷 앤 뤼씻?

나 Here you go. **Is there a cancellation fee?** [1]
히얼 유 고우. 이즈 데얼 어 캔썰레이션 피?

직원 Yes, **there is a ten-dollar charge for cancellations.** [2]
예쓰, 데얼 이즈 어 텐 달럴 촤쥐 포얼 캔썰레이션즈.

Your refund should take around five business days.
유얼 뤼펀드 슈드 테익 어라운드 파이브 비즈니쓰 데이즈.

• receipt 영수증　charge 요금

나 안녕하세요. 금요일 공연 티켓을 취소해야 하는데요. **직원** 괜찮습니다. 티켓과 영수증 주시겠어요? **나** 여기요. 취소 수수료가 있나요? **직원** 네, 취소 시 10달러의 수수료가 있습니다. 환불은 영업일 기준으로 5일 정도 걸립니다.

---

1 Is there a cancellation fee?

티켓을 취소할 때 수수료가 있는지 확인하려면 Is there a/an ~ fee?(~ 요금이 있습니까?)로 물어보면 됩니다. fee는 '요금, 수수료'라는 뜻인데, 예약이나 배송 등 어떤 서비스에 대해 요금을 내야 하는지 궁금할 때도 이 표현을 사용해 물어볼 수 있습니다.

2 There is a ten-dollar charge for cancellations.

요금이 발생하는 경우에는 직원이 There is a + 금액 + charge for ~.(~에 대해 얼마의 요금이 있습니다.)라고 안내하곤 합니다. charge도 fee와 마찬가지로 '요금'이라는 뜻입니다. 예를 들어 '변경 시 5달러의 수수료가 있습니다'는 There is a five-dollar charge for changes.라고 합니다.

◉ **패턴 연습하기** | 다음을 듣고 따라 말해 보세요.

Is there _____? ~이 있나요?
이즈 데얼

- **an admission fee** 입장료
  언 애드미션 피
- **a delivery fee** 배송비
  어 딜리버뤼 피
- **a refund fee** 환불 수수료
  어 뤼펀드 피
- **a late fee** 연체료
  어 레잇 피
- **a booking fee** 예약 수수료
  어 부킹 피
- **a parking fee** 주차비
  어 팔킹 피

PART 07 관광할 때　**161**

35 투어 예약하기

핵심 관광지를 빠르고 효율적으로 둘러보고 싶다면 가이드가 안내해 주는 투어를 이용해 보세요. 관광지의 역사나 재미있는 에피소드를 들으며 마음 편히 여행을 즐길 수 있습니다. 관심 있는 투어가 있다면 세부 정보를 확인해 보고 사전에 예약해 두세요.

mp3 103

city tour
씨티 투얼
시티 투어, 시내 관광

bus tour
버쓰 투얼
버스 투어

tours in Korean
투얼즈 인 커뤼언
한국어 투어

attraction
어트뤡션
명소, 볼거리

reserve a spot
뤼절브 어 스팟
자리를 예약하다

join the tour
조인 더 투얼
투어에 참가하다

stroller
스트롤럴
유아차

timetable
타임테이블
시간표, 일정표

show *one's* ID
쇼 원즈 아이디
신분증을 보여 주다

 내일 시티 투어를 예약하고 싶어요.

I'd like to book a city tour for tomorrow.

아이드 라익 투 북 어 시티 투얼 포얼 터마로

버스 투어는 시간이 얼마나 걸리나요?

How long is the bus tour?

하우 롱 이즈 더 버쓰 투얼

한국어 투어를 제공하나요?

Do you offer tours in Korean?

두 유 오펄 투얼즈 인 커뤼언

어떤 볼거리가 그 투어에 포함되어 있을까요?

Which attractions are included in the tour?

위취 어트뤡션즈 알 인클루디드 인 더 투얼

미술관 투어에 자리를 예약할 수 있나요?

Can I reserve a spot for the art gallery tour?

캔 아이 뤼절브 어 스팟 포얼 디 알트 갤러뤼 투얼

- art gallery 미술관

70세 이상도 투어에 참가할 수 있나요?

Can people over 70 join the tour?

캔 피플 오벌 쎄븐티 조인 더 투얼

> Tip 하이킹, 수상 스포츠 등 체력적으로 힘든 투어는 연령 제한을 두는 경우가 있으니 미리 확인해 보세요.

투어에서 유아차를 이용할 수 있나요?

Is a stroller accessible on the tour?

이즈 어 스트롤럴 익쎄써블 온 더 투얼

- accessible
  쉽게 이용할 수 있는

 여기 투어 시간표 있습니다.

Here is the tour timetable.

히얼 이즈 더 투얼 타임테이블

예약을 확인하려면 신분증을 보여 주셔야 해요.

You need to show your ID to confirm your booking.

유 니드 투 쇼 유얼 아이디 투 컨펌 유얼 부킹

- ID 신분증
  (identification의 약자)

Scene 1

mp3 104

나 Hi. **I'd like to book a city tour for tomorrow.** [1]
하이. 아이드 라익 투 북 어 씨티 투얼 포얼 터마로.

직원 Here is the tour timetable. Which one would you like?
히얼 이즈 더 투얼 타임테이블. 위취 원 우드 유 라익?

나 Hmm, I'm not sure which one to pick. **How long is the tour?** [2]
흠, 아임 낫 슈얼 위취 원 투 픽. 하우 롱 이즈 더 투얼?

직원 It lasts about three hours.
잇 라스츠 어바웃 뜨뤼 아월즈.

나 Okay. I'll take the 1:00 p.m. tour then.
오케이. 아일 테익 더 원 피엠 투얼 덴.

• pick 고르다   last 계속되다, 지속되다

나 안녕하세요. 내일 시티 투어를 예약하고 싶어요. **직원** 여기 투어 시간표 있습니다. 어떤 것이 좋으세요? **나** 음, 뭘 골라야 할지 잘 모르겠네요. 투어 시간이 얼마나 걸리죠? **직원** 3시간 정도 걸립니다. **나** 알겠어요. 그러면 오후 1시 투어로 할게요.

1 I'd like to book a city tour for tomorrow.

'~을 예약하고 싶어요'라고 할 때 I'd like to book ~.으로 말합니다. 뒤에는 for tomorrow처럼 'for + 시간'을 넣어 언제 예약하고 싶은지 덧붙일 수 있습니다. 투어, 티켓, 식당 좌석 등 무언가를 예약할 때 다양하게 활용해 보세요.

2 How long is the tour?

투어, 공연 등의 소요 시간이 궁금할 때는 How long is ~?(~은 시간이 얼마나 걸리나요?)로 물어보세요. '(시간 동안) 계속되다'라는 뜻의 last를 사용해 How long does the tour last?라고 물어볼 수도 있습니다.

○ 패턴 연습하기 | 다음을 듣고 따라 말해 보세요.

How long is the _____? ~은 시간이 얼마나 걸리나요?
하우 롱 이즈 더/디

show 쇼, 공연 쇼	**concert** 콘서트, 음악회 칸썰트	**wait** 대기 웨잇
performance (음악, 예술) 공연 펄폴먼쓰	**movie** 영화 무비	**intermission** 중간 휴식 시간 인털미션
play 연극 플레이	**hike** 하이킹 하익	**flight** 비행 플라잇

Scene 2

| 나 | Hello. **Can I reserve a spot for the art gallery tour?** [1]
헬로. 캔 아이 뤼절브 어 스팟 포얼 디 알트 갤러뤼 투얼? |
| 직원 | Sure. What day would you like to visit?
슈얼. 왓 데이 우드 유 라익 투 비짓? |
| 나 | **This Friday if possible.** [2] Do you offer tours in Korean?
디쓰 프라이데이 이프 파써블. 두 유 오펄 투얼즈 인 커뤼언? |
| 직원 | Yes, we have a tour in Korean at 11:00 a.m. every day.
예쓰, 위 해브 어 투얼 인 커뤼언 앳 일레븐 에이엠 에브리 데이. |
| 나 | Then I'd like to book a tour at that time.
덴 아이드 라익 투 북 어 투얼 앳 댓 타임. |

• day 요일

나 안녕하세요. 미술관 투어에 자리를 예약할 수 있을까요? **직원** 그럼요. 무슨 요일에 방문하고 싶으신가요? **나** 가능하다면 이번 주 금요일이에요. 한국어 투어를 제공하나요? **직원** 네, 매일 오전 11시에 한국어 투어가 있습니다. **나** 그러면 그때로 투어를 예약할게요.

1 Can I reserve a spot for the art gallery tour?

여기서 spot은 '(특정한) 장소, 자리'를 나타냅니다. reserve a spot은 한정된 시간이나 장소의 자리를 예약한다는 뜻으로 reserve a spot for(~에 대한 자리를 예약하다)의 형태로 많이 사용됩니다. 공연이나 투어에서 자리를 예약할 때 활용할 수 있는 표현입니다.

2 This Friday if possible.

if possible은 '가능하다면, 괜찮다면'이라는 뜻으로, 요청 사항을 전달하면서 예의 있게 덧붙이는 표현입니다. 예약할 때뿐 아니라 음식을 주문하거나 부탁할 때도 사용할 수 있습니다. I'd like to visit this Friday if possible.(가능하다면 이번 주 금요일에 방문하고 싶어요.)이라고 정중하게 말할 수도 있지만, 짧게 줄여서 위의 문장으로 말해도 자연스럽습니다.

● 패턴 연습하기 | 다음을 듣고 따라 말해 보세요.

_____ if possible. 가능하다면 ~로요.
이프 파써블

In the morning 아침에
인 더 모얼닝

This weekend 이번 주말에
디쓰 위켄드

Next week 다음 주에
넥쓰트 윅

At 2:00 p.m. 오후 2시에
앳 투 피엠

On Wednesday 수요일에
온 웬즈데이

Before Thursday 목요일 전에
비포얼 떨즈데이

36 이용 시간 확인하기

방문할 관광지의 이용 시간을 미리 알아 두면 여행 일정을 짜는 데 큰 도움이 됩니다. 평일과 주말의 이용 시간이 다를 수 있으니 방문 전에 꼭 확인하세요. 공연이나 영화를 볼 때는 시작 시간과 종료 시간을 미리 확인해 두면 좋습니다.

mp3 106

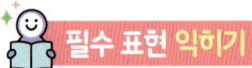
필수 표현 익히기

open
오픈
문을 열다, 문을 연

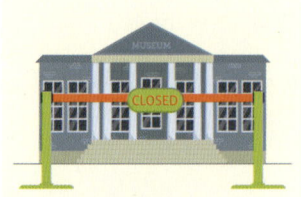
close
클로즈
문을 닫다

matinee
매터네이
낮 공연

evening show
이브닝 쇼
저녁 공연

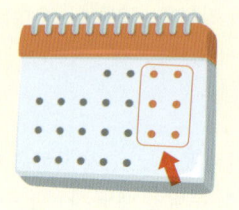
weekend
위켄드
주말

weekday
윜데이
평일

last admission
래스트 애드미션
마지막 입장

holiday
할러데이
공휴일, 휴일

half an hour
해프 언 아월
30분

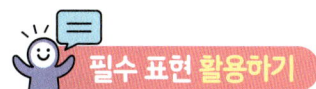

박물관은 내일 몇 시에 문을 여나요?

What time does the museum open tomorrow?
왓 타임 더즈 더 뮤지엄 오픈 터마로

동물원은 언제 문을 닫나요?

When does the zoo close?
웬 더즈 더 주 클로즈

• zoo 동물원

낮 공연은 몇 시에 시작해요?

What time does the matinee begin?
왓 타임 더즈 더 매터네이 비긴

• begin 시작하다 (= start)

저녁 공연은 몇 시에 끝나요?

When does the evening show finish?
웬 더즈 디 이브닝 쇼 피니쉬

• finish 끝나다

주말에 문을 여세요?

Are you open on weekends?
알 유 오픈 온 위켄즈

미술관은 평일에는 오후 6시에 문을 닫아요.

The art gallery closes at 6:00 p.m. on weekdays.
디 알트 갤러뤼 클로지즈 앳 씩쓰 피엠 온 윅데이즈

마지막 입장 시간은 오후 5시입니다.

The last admission is at 5:00 p.m.
더 래스트 애드미션 이즈 앳 파이브 피엠

공휴일에는 오후 7시가 아니라 오후 4시에 문을 닫아요.

We close at 4:00 p.m. instead of 7:00 p.m. on holidays.
위 클로즈 앳 포얼 피엠 인스테드 어브 쎄븐 피엠 온 할러데이즈

영화는 30분 후에 시작해요.

The movie starts in half an hour.
더 무비 스탈츠 인 해프 언 아월

• half 절반

Scene 1

mp3 107

나 **What time does the museum open tomorrow?** [1]
왓 타임 더즈 더 뮤지엄 오픈 터마로?

직원 **It opens at 9:00 a.m.**
잇 오픈즈 앳 나인 에이엠.

나 **What time does it close?**
왓 타임 더즈 잇 클로즈?

직원 **It closes at 6:00 p.m., and the last admission is at 5:00 p.m.** [2]
잇 클로지즈 앳 씩쓰 피엠, 앤 더 래스트 애드미션 이즈 앳 파이브 피엠.

나 **Thank you for the information.**
땡큐 포얼 디 인펄메이션.

• information 정보

나 박물관은 내일 몇 시에 문을 여나요? 직원 오전 9시에 열어요. 나 몇 시에 문을 닫죠? 직원 오후 6시에 닫고, 마지막 입장 시간은 5시입니다. 나 정보 감사합니다.

---

1 What time does the museum open tomorrow?

What time does the + 장소 + open?은 '~은 몇 시에 문을 여나요?'라는 뜻으로, 식당이나 가게, 관광지의 문 여는 시간을 묻는 표현입니다. open(열다) 대신 close(닫다)를 쓰면 문 닫는 시간을 물어볼 수 있습니다. 이에 대한 대답은 It opens/closes at +시간.으로 합니다.

2 The last admission is at 5:00 p.m.

last admission은 '마지막 입장'을 의미하는데, 대부분의 관광지는 문을 닫기 한 시간 전에 입장을 마감하는 경우가 많습니다. 오후 늦게 방문할 예정이라면 What time is the last admission?(마지막 입장 시간이 몇 시예요?)라고 물어 입장 마감 시간을 미리 확인해 두세요.

패턴 연습하기 | 다음을 듣고 따라 말해 보세요.

What time does the _____ open? ~은 몇 시에 문을 여나요?
왓 타임 더즈 더/디   오픈

mall 쇼핑몰
몰

cafe 카페
캐페이

gym 헬스장
짐

gallery 미술관
갤러뤼

park 공원
팔크

spa 스파
스파

supermarket 슈퍼마켓
쑤펄말킷

store 가게
스톨

bakery 빵집
베이커뤼

Scene 2

mp3 108

나 **Are you open on weekends?** [1]
알 유 오픈 온 위켄즈?

직원 Yes, we're open then.
예쓰, 위얼 오픈 덴.

나 Are your hours the same on weekends?
알 유얼 아월즈 더 쎄임 온 위켄즈?

직원 No, **we close at 4:00 p.m. instead of 7:00 p.m.** [2]
노, 위 클로즈 앳 포얼 피엠 인스테드 어브 쎄븐 피엠.

나 Thank you for your help.
땡큐 포얼 유얼 헬프.

• same 같은

나 주말에 문을 여세요? 직원 네, 저희 열어요. 나 주말에도 운영 시간은 똑같나요? 직원 아니요, 7시가 아니라 4시에 문을 닫습니다.
나 도와주셔서 감사합니다.

1 Are you open on weekends?

open은 '문을 열다'라는 뜻의 동사와 '문을 연'이라는 뜻의 형용사로 모두 쓰이는 단어입니다. 박물관이나 가게가 어떤 요일이나 공휴일에 문을 여는지 궁금할 때는 Are you open on + 요일/공휴일?로 물어보세요. 요일이나 공휴일 앞에는 전치사 on을 사용합니다.

2 We close at 4:00 p.m. instead of 7:00 p.m.

instead of는 '~대신에, ~이 아니고'라는 뜻입니다. 계획이나 선택을 다른 것으로 바꾸고자 할 때도 사용할 수 있는 표현입니다. 예를 들어 Can we go shopping instead of getting a massage?(마사지 받는 대신 쇼핑해도 될까요?)나 I'll take coffee instead of coke.(콜라가 아니라 커피를 선택할게요.)처럼 씁니다.

❂ 패턴 연습하기 | 다음을 듣고 따라 말해 보세요.

Are you open on _____? ~에 문을 여나요?
알 유 오픈 온

Monday 월요일
먼데이

New Year's Day 새해 첫 날
뉴 이얼즈 데이

Labor Day 노동절
레이벌 데이

Saturday 토요일
쌔럴데이

Christmas Day 크리스마스
크뤼스마쓰 데이

Halloween 핼러윈
핼러윈

Sunday 일요일
썬데이

Thanksgiving Day 추수감사절
땡쓰기빙 데이

Easter 부활절
이스털

PART 07 관광할 때   169

37 박물관 및 미술관 관람하기

박물관과 미술관은 그 나라의 역사와 문화를 이해하는 데 도움이 되는 관광지입니다. 보다 편안한 관람을 위해 필요한 시설의 위치를 물어보고, 이용 가능한 서비스도 확인해 보세요.

mp3 109

brochure
브로슈얼
안내 책자

exhibition
엑써비션
전시, 전시회

program
프로그램
프로그램

audio guide
오디오 가이드
오디오 가이드, 음성 안내

restroom
뤠스트룸
화장실

drinking fountain
드륑킹 파운튼
(분수식) 식수대

check *one's* coat
췍 원즈 코트
코트를 맡기다

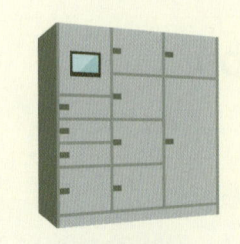
lockers
라컬즈
물품 보관함

on display
온 디스플레이
전시된, 진열된

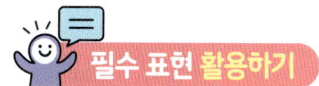

안내 책자를 받을 수 있을까요?

Can I get a brochure?
캔 아이 겟 어 브로슈얼

여기서 가장 인기 있는 전시가 무엇인가요?

What's the most popular exhibition here?
왓츠 더 모스트 파퓰럴 엑써비션 히얼

오늘 아이들을 위한 프로그램이 있나요?

Do you have any programs for kids today?
두 유 해브 에니 프로그램즈 포얼 키즈 투데이

오디오 가이드를 빌리고 싶어요.

I'd like to rent an audio guide.
아이드 라익 투 뤤트 언 오디오 가이드

• rent 빌리다

화장실은 어디에 있나요?

Where is the restroom?
웨얼 이즈 더 뤠스트룸

Tip 영국, 호주, 뉴질랜드에서는 공공 장소의 '화장실'을 주로 toilet이라고 합니다.

이 근처에 식수대가 있나요?

Is there a drinking fountain near here?
이즈 데얼 어 드륑킹 파운튼 니얼 히얼

• fountain 분수, 분수대

제 코트를 맡길 곳이 있나요?

Is there a place to check my coat?
이즈 데얼 어 플레이쓰 투 쳌 마이 코트

Tip 박물관이나 극장에서 코트를 맡아주는 '코트 보관소'를 coat check이라고 합니다.

입구 근처에 물품 보관함이 있어요.

There are lockers near the entrance.
데얼 알 라컬즈 니얼 디 엔터뤈쓰

전시된 물건을 만지지 마세요.

Please don't touch the items on display.
플리즈 돈 터취 디 아이텀즈 온 디스플레이

Scene 1

mp3 110

나   Excuse me. **Is there a place to check my coat?** [1]
익쓰큐즈 미. 이즈 데얼 어 플레이쓰 투 췍 마이 코트?

직원   Yes, there are lockers near the entrance.
예쓰, 데얼 알 라컬즈 니얼 디 엔트뤈쓰.

나   Thanks. By the way, I'd like to rent an audio guide.
땡쓰. 바이 더 웨이, 아이드 라익 투 뤤트 언 오디오 가이드.
Is there a fee for that? [2]
이즈 데얼 어 피 포얼 댓?

직원   No, it's free of charge.
노, 잇츠 프뤼 어브 촬쥐.

• free of charge 무료로

나 실례합니다. 제 코트를 맡길 곳이 있을까요? **직원** 네, 입구 근처에 물품 보관함이 있어요. **나** 감사합니다. 그런데 오디오 가이드를 빌리고 싶은데요. 사용 요금이 있나요? **직원** 아니요, 무료입니다.

---

1 Is there a place to check my coat?

place는 '장소, 곳'이라는 뜻입니다. '~할 곳이 있나요?'라고 특정 행동을 할 수 있는 장소를 문의할 때 Is there a place to + 동사?로 물어보세요. 짐이나 코트를 맡길 곳을 찾거나, 물이나 음식을 구입할 수 있는 곳을 찾을 때 사용할 수 있는 표현입니다.

2 Is there a fee for that?

어떤 시설이나 서비스를 이용할 때 요금을 내야 하는지 궁금하다면 이렇게 물어보세요. fee는 '요금, 수수료'라는 뜻입니다. 참고로 외국은 화장실이 유료인 곳도 많은데, '화장실 사용하는 데 요금이 있나요?'라고 물을 때는 Is there a fee to use the restroom?으로 표현합니다.

◎ 패턴 연습하기 | 다음을 듣고 따라 말해 보세요.

Is there a place to ☐ **?** ~할 곳이 있나요?
이즈 데얼 어 플레이쓰 투

get some food 음식을 구하다
겟 썸 푸드

get some water 물을 구하다
겟 썸 워럴

store my luggage 짐을 맡기다
스톨 마이 러기쥐

see the view 전망을 보다
씨 더 뷰

take photos 사진을 찍다
테익 포토즈

ask for information 정보를 문의하다
애스크 포얼 인펄메이션

Scene 2

나	**Hi. Is there a drinking fountain near here?** [1] 하이. 이즈 데얼 어 드링킹 파운튼 니얼 히얼?
직원	Yes, there is one in front of the restroom on every floor. 예쓰, 데얼 이즈 원 인 프런트 어브 더 뤠스트룸 온 에브뤼 플로얼.
나	**Where is the restroom?** [2] 웨얼 이즈 더 뤠스트룸?
직원	It's at the end of the hallway. 잇츠 앳 디 엔드 어브 더 홀웨이.
나	Thank you for your help. 땡큐 포얼 유얼 헬프.

• in front of ~앞에 hallway 복도

나 안녕하세요, 이 근처에 식수대가 있나요? 직원 네, 층마다 화장실 앞에 있습니다. 나 화장실은 어디에 있나요? 직원 복도 끝에 있어요.
나 도와주셔서 감사합니다.

1 Is there a drinking fountain near here?

찾는 장소가 근처에 있는지 궁금할 때 Is there a/an + 장소 + near here?(이 근처에 ~이 있나요?)을 활용해 물어보세요. near here은 '이 근처에'라는 뜻입니다.

2 Where is the restroom?

장소의 위치를 묻는 가장 기본적인 표현은 Where is + 장소?(~은 어디에 있어요?)입니다. 여기에 대한 대답은 It's + 위치.로 할 수 있습니다. 위치를 나타내는 in front of(~ 앞에), at the end of(~ 끝에) 같은 표현도 함께 익혀 두세요.

◆ 패턴 연습하기 | 다음을 듣고 따라 말해 보세요.

Is there _____ near here? 이 근처에 ~이 있나요?
이즈 데얼 니얼 히얼

a ticket counter 매표소
어 티킷 카운털

a gift shop 선물 가게
어 기프트 샵

a coffee place 커피숍
어 코피 플레이쓰

a parking lot 주차장
어 팔킹 랏

a first-aid station 응급 처치소
어 펄스트 에이드 스테이션

an information desk 안내 데스크
언 인펄메이션 데스크

PART 07 관광할 때

38 공연 관람하기

mp3 112

여행지에서 즐기는 뮤지컬, 콘서트, 길거리 공연 등도 여행의 큰 즐거움입니다. 공연 관람 시에는 녹음 금지, 휴대폰 사용 제한 등 준수해야 할 관람 예절이 있으니 어기지 않게 주의하세요.

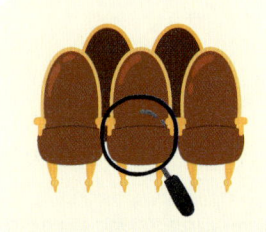

find *one's* seat
파인드 원즈 씻
~의 좌석을 찾다

intermission
인털미션
(공연 중간의) 휴식 시간

today's cast
투데이즈 캐스트
오늘의 출연진

stage
스테이쥐
무대

busking
버스킹
길거리 공연

performance
펄폴먼쓰
공연

social media
쏘셜 미디어
소셜 미디어

recording
뤼콜딩
녹음, 녹화

turn off *one's* phone
턴 오프 원즈 폰
~의 휴대폰을 끄다

제 좌석 찾는 것을 도와주시겠어요?
Could you help me find my seat?
쿠드 유 헬프 미 파인드 마이 씻

휴식 시간이 있나요?
Is there an intermission?
이즈 데얼 언 인털미션

오늘의 출연진은 누구인가요?
Who is in today's cast?
후 이즈 인 투데이즈 캐스트

> Tip 뮤지컬은 날짜에 따라 출연진이 달라질 수 있으므로 today's cast를 미리 확인하세요.

무대 위에 라이브로 연주하는 음악가들이 있나요?
Are there live musicians on stage?
알 데얼 라이브 뮤지션즈 온 스테이쥐

• live (공연이) 라이브의, 실황인

여기서 길거리 공연이 있나요?
Is there any busking here?
이즈 데얼 에니 버스킹 히얼

밴드가 막 공연을 시작하려는 참이에요.
The band is about to start their performance.
더 밴드 이즈 어바웃 투 스탈트 데얼 펄폴먼쓰.

그들은 소셜 미디어에서 인기 있어요.
They are popular on social media.
데이 알 파퓰럴 온 쏘셜 미디어

> Tip social media 대신 구체적으로 YouTube(유튜브), Instagram(인스타그램), Facebook(페이스북)을 넣어 말할 수도 있습니다.

사진 촬영과 녹음/녹화는 허용되지 않습니다.
Photography and recording are not allowed.
퍼타그뤄피 앤 뤼콜딩 알 낫 얼라웃

• photography 사진 촬영

공연 중에는 휴대폰을 꺼 주세요.
Please turn off your phone during the show.
플리즈 턴 오프 유얼 폰 두어륑 더 쇼

Scene 1

mp3 113

나 **Excuse me. Could you help me find my seat?** [1]
익쓰큐즈 미. 쿠드 유 헬프 미 파인드 마이 씻?

직원 **Of course. You're in Row B, Seat 10. Right this way.**
어브 콜쓰. 유얼 인 로 비, 씻 텐. 롸잇 디쓰 웨이.

나 **Thank you. By the way, is there an intermission?** [2]
땡큐. 바이 더 웨이, 이즈 데얼 언 인털미션?

직원 **Yes, there will be a fifteen-minute intermission after the first act.**
예쓰, 데얼 윌 비 어 피프틴 미닛 인털미션 애프털 더 펄스트 액트.

나 **Okay. Thanks again.**
오케이. 땡쓰 어겐.

• first act 1막

나 실례합니다. 제 좌석 찾는 것을 도와주시겠어요? 직원 물론이죠. B열 10번 좌석이네요. 이쪽으로 오세요. 나 감사합니다. 그런데 중간에 휴식 시간이 있나요? 직원 네, 1막이 끝난 뒤 15분 간 휴식 시간이 있어요. 나 알겠습니다. 다시 한번 감사드려요.

1 Could you help me find my seat?

Could you + 동사?는 '~해 주시겠어요?'라고 부탁할 때 쓰는 표현이고, '(사람)이 ~하는 것을 도와주다'는 'help + 사람 + 동사'의 형태로 나타냅니다. 상대에게 정중하게 도움을 요청할 때 Could you help me +동사?로 '~하는 것 좀 도와주시겠어요?'라고 물어볼 수 있습니다.

2 By the way, is there an intermission?

by the way는 '그런데, 그건 그렇고'라는 뜻으로, 화제를 전환할 때 사용하는 표현입니다. 위의 대화에서는 좌석을 찾는 것에서 화제를 바꿔 공연 중간에 휴식 시간(intermission)이 있는지 질문했습니다.

○ 패턴 연습하기 | 다음을 듣고 따라 말해 보세요.

Could you help me ⬚ ? ~하는 것을 도와주시겠어요?
쿠드 유 헬프 미

buy the ticket 티켓을 사다
바이 더 티킷

check my coat 내 코트를 맡기다
첵 마이 코트

find the ticket booth 매표소를 찾다
파인드 더 티킷 부뜨

get to the exit 출구로 가다
겟 투 디 엑씻

find the restroom 화장실을 찾다
파인드 더 뤠스트룸

carry my luggage 내 짐을 옮기다
캐뤼 마이 러기쥐

Scene 2

mp3 114

나 **Excuse me. Is there any busking here?** [1]
익쓰큐즈 미. 이즈 데얼 에니 버스킹 히얼?

현지인 **Yes, the band is about to start their performance.** [2]
예쓰, 더 밴드 이즈 어바웃 투 스탈트 데얼 펄폴먼쓰.

나 **Great! Are they a famous band?**
그뤠잇! 알 데이 어 페이머쓰 밴드?

현지인 **I think so. I've seen them on social media.**
아이 띵크 쏘. 아이브 씬 뎀 온 쏘셜 미디어.

나 **Oh, really? Thanks for letting me know.**
오, 륄리? 땡쓰 포얼 레링 미 노.

나 실례합니다. 여기서 길거리 공연이 있나요? 현지인 네, 밴드가 공연을 막 시작하려는 참이에요. 나 좋네요! 저 사람들 유명한 밴드인가요? 현지인 그런 것 같아요. 소셜 미디어에서 본 적이 있어요. 나 아, 정말요? 알려 주셔서 감사합니다.

---

1 Is there any busking here?
사람들이 몰려 있는 곳에서 무슨 행사가 있는지 궁금할 때는 Is there ~ here?(여기서 ~이 있나요?)을 써서 주위 사람에게 질문해 보세요. 또는 Is something happening here?(여기서 무슨 일 있나요?)이나 Is anything going on here?(여기서 뭔가 진행 중인가요?)이라고 물어봐도 좋습니다.

2 The band is about to start their performance.
'be about to + 동사'는 '막 ~하려는 참이다'라는 뜻으로, 어떤 일이 곧 일어날 예정일 때 사용합니다. 참고로 band는 여러 명의 구성원으로 이루어진 집합 명사이므로 복수로 취급해 their performance(그들의 공연)라고 표현했습니다.

◯ 패턴 연습하기 | 다음을 듣고 따라 말해 보세요.

Is there _____ here? 여기서 ~이 있나요?
이즈 데얼   히얼

a parade 행진, 퍼레이드
어 퍼뤠이드

a special event 특별한 행사
어 스페셜 이벤트

a concert 콘서트
어 칸썰트

a wedding ceremony 결혼식
어 웨딩 써러모니

a festival 축제
어 페스티벌

a celebration for New Year's 새해 기념행사
어 쎌러브뤠이션 포얼 누 이얼즈

PART 07 관광할 때 **177**

39 사진 촬영하기

기억에 남기고 싶은 순간이 있다면 망설이지 말고 다른 사람에게 사진을 찍어 달라고 부탁해 보세요. 관광지에 따라 사진이나 동영상 촬영이 불가능한 곳도 있으므로 직원에게 촬영 가능 여부를 미리 확인해 보는 것이 좋습니다.

mp3 115

 필수 표현 익히기

take a picture
테익 어 픽쳘
사진을 찍다

record a video
뤼콜드 어 비디오
동영상을 찍다

be allowed
비 얼라웃
허용되다

background
백그라운드
배경

vertically
벌티클리
세로로

tap this button
탭 디쓰 버튼
이 버튼을 터치하다

flash
플래쉬
(카메라) 플래시

tripod
트롸이팟
삼각대

selfie stick
쎌피 스틱
셀카봉

 필수 표현 활용하기

저희 사진 좀 찍어 주시겠어요?

Can I ask you to take a picture of us?

캔 아이 애스크 유 투 테익 어 픽철 어브 어쓰

여기서 동영상 찍어도 되나요?

May I record a video here?

메이 아이 뤼콜드 어 비디오 히얼

 '동영상을 찍다'는 take a video 라고도 합니다.

여기서 사진 찍어도 되나요?

Am I allowed to take pictures here?

앰 아이 얼라웃 투 테익 픽철즈 히얼

• Am I allowed to 동사?
제가 ~해도 될까요?

배경에 다리가 나오게 해 주실 수 있을까요?

Could you get the bridge in the background?

쿠드 유 겟 더 브뤼쥐 인 더 백그라운드

세로로 한 장 더 찍어 주시겠어요?

Can you take one more vertically, please?

캔 유 테익 원 모얼 벌티클리 플리즈

 '가로로'는 horizontally입니다.

사진 찍으시려면 이 버튼을 터치하세요.

Just tap this button to take a picture.

줘스트 탭 디쓰 버튼 투 테익 어 픽철

플래시 사용을 피해 주세요.

Please avoid using the flash.

플리즈 어보이드 유징 더 플래쉬

• avoid 동사ing
~하는 것을 피하다

여기서는 삼각대를 사용하실 수 없어요.

You can't use a tripod here.

유 캔트 유즈 어 트라이팟 히얼

셀카봉 사용은 허용되지 않습니다.

It's not permitted to use a selfie stick.

잇츠 낫 펄미티드 투 유즈 어 쎌피 스틱

• be not permitted to 동사
~하는 것이 허용되지 않다

Scene 1

mp3 116

나 **Hi. Am I allowed to take pictures here?** [1]
하이. 앰 아이 얼라웃 투 테익 픽쳘즈 히얼?

직원 **Sure, but please avoid using the flash.** [2]
슈얼, 벗 플리즈 어보이드 유징 더 플래쉬.

나 **Okay. What about recording videos?**
오케이. 왓 어바웃 뤼콜딩 비디오즈?

직원 **I'm sorry, but that's not allowed inside this exhibition.**
아임 쏘뤼, 벗 댓츠 낫 얼라웃 인싸이드 디쓰 엑써비션.

• exhibition 전시

나 안녕하세요. 여기서 사진 찍어도 되나요? 직원 물론입니다. 하지만 플래시 사용은 삼가 주세요. 나 알겠습니다. 동영상 촬영은 어떤가요? 직원 죄송하지만, 이 전시회 내부에서는 동영상 촬영이 허용되지 않습니다.

1 Am I allowed to take pictures here?

allow는 '허락하다, 허용하다'라는 뜻인데, 수동태로 써서 Am I allowed to + 동사?라고 하면 '제가 ~하는 것이 허용되나요?', 즉 '~해도 되나요?'라는 의미의 표현이 됩니다. 어떠한 행동을 해도 되는지 확인할 때 사용할 수 있습니다.

2 Please avoid using the flash.

'avoid + 동사ing'는 '~하는 것을 피하다'라는 의미입니다. 그래서 avoid using은 '사용하는 것을 피하다'라는 뜻이 됩니다. 어떤 행동을 자제해 달라고 요청할 때 Please avoid + 동사ing.로 말합니다. 참고로 '휴대폰 사용을 피해 주세요'는 Please avoid using your phone.이라고 합니다.

✿ 패턴 연습하기 | 다음을 듣고 따라 말해 보세요.

Am I allowed to ⬚ **?** 제가 ~해도 되나요?
앰 아이 얼라웃 투

touch this 이것을 만지다
터취 디쓰

draw sketches 스케치를 하다
드로 스케취즈

feed the animals 동물에게 먹이를 주다
피드 디 애너멀즈

bring drinks inside 안에 음료를 가져가다
브륑 드링쓰 인싸이드

use a selfie stick 셀카봉을 사용하다
유즈 어 쎌피 스틱

leave and come back 나갔다가 다시 들어오다
리브 앤 컴 백

Scene 2

나　**Excuse me. Can I ask you to take a picture of us?** [1]
　　익쓰큐즈 미. 캔 아이 애스크 유 투 테익 어 픽쳘 어브 어쓰?

행인　**Of course. Are you ready?**
　　어브 콜쓰. 알 유 뤠디?

나　**Yes. Could you get the bridge in the background, please?** [2]
　　예쓰. 쿠드 유 겟 더 브뤼쥐 인 더 백그롸운드, 플리즈?

행인　**Okay. I'll take a few. Let me know if you'd like more.**
　　오케이. 아일 테익 어 퓨. 렛 미 노 이프 유드 라익 모얼.

나 실례합니다. 저희 사진 좀 찍어 주시겠어요?　행인 물론이죠. 준비되셨어요?　나 네. 배경에 다리가 나오게 해 주실 수 있을까요?
행인 알겠습니다. 몇 장 찍을게요. 더 원하시면 말씀하세요.

---

1 Can I ask you to take a picture of us?

Can I ask you to + 동사?는 '~하는 것을 요청드려도 될까요?'라는 뜻으로, '~해 주시겠어요?'라고 상대방에게 정중하게 부탁하는 상황에 쓰는 표현입니다. 참고로 사진을 찍어 달라고 부탁할 때는 Could you take a picture of us? 또는 Would you mind taking a picture of us?라고 해도 됩니다. 여러 명이 아니라 혼자일 때는 us 대신 me를 넣어서 말해 보세요.

2 Could you get the bridge in the background, please?

in the background는 '배경으로'라는 뜻입니다. '~이 배경으로 나오게 찍어 주세요'라고 요청할 때 Could you get ~ in the background, please?로 부탁해 보세요. 뒤에 please를 넣으면 더 정중한 표현이 됩니다.

◎ 패턴 연습하기 | 다음을 듣고 따라 말해 보세요.

Can I ask you to _____ ? ~해 주시겠어요?
캔 아이 애스크 유 투

watch my bag 내 가방을 지켜보다
와취 마이 백

call a taxi 택시를 부르다
콜 어 택씨

speak slowly 천천히 말하다
스픽 슬로울리

take a photo with me 나와 함께 사진을 찍다
테익 어 포토 위드 미

help me with this map 이 지도 보는 것을 도와주다
헬프 미 위드 디쓰 맵

suggest a local dish 현지 음식을 추천하다
써줴스트 어 로컬 디쉬

40 길 찾기

여행 중 길을 잃었을 때는 지나가는 사람에게 길을 물어보세요. 목적지까지 어떻게 가는지 물어보고, 거리가 얼마나 되는지도 확인해 봅시다. 상대방의 대답을 알아들을 수 있도록 방향을 나타내는 단어도 잘 기억해 두세요.

mp3 118

필수 표현 익히기

be lost
비 로스트
길을 잃다

get to
겟 투
~에 도착하다

tell A the way
텔 에이 더 웨이
A에게 길을 알려 주다

how far
하우 팔
얼마나 멀리

right way
롸잇 웨이
맞는 길

block
블락
(도로가 나뉘는) 구역, 블록

left / right
레프트 / 롸잇
왼쪽 / 오른쪽

ten-minute walk
텐 미닛 웍
걸어서 10분

be closed
비 클로즈드
폐쇄되다, 막혀 있다

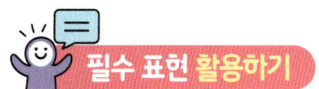

제가 길을 잃은 것 같아요.
I think I'm lost.
아이 띵크 아임 로스트

> **Tip** lost는 형용사로는 '길을 잃은, 분실된'이라는 뜻인데, 동사 lose의 과거형이기도 합니다.

런던 브리지에 어떻게 가나요?
How can I get to London Bridge?
하우 캔 아이 겟 투 런던 브뤼쥐

백악관으로 가는 길을 알려 주시겠어요?
Can you tell me the way to the White House?
캔 유 텔 미 더 웨이 투 더 와잇 하우쓰

여기서 얼마나 멀어요?
How far is it from here?
하우 팔 이즈 잇 프럼 히얼

여기가 센트럴 파크로 가는 길 맞나요?
Is this the right way to Central Park?
이즈 디쓰 더 롸잇 웨이 투 쎈트뤌 팔크

두 블록 쭉 걸어가세요.
Walk straight for two blocks.
웍 스트뤠잇 포얼 투 블락쓰

> **Tip** block은 도로와 도로 사이의 '구간'을 의미하는데, 도로로 둘러싸인 구역 하나를 뜻합니다.

길모퉁이에서 왼쪽으로 꺾으면 오른쪽에 있을 거예요.
Turn left at the corner, and it will be on your right.
턴 레프트 앳 더 콜널 앤 잇 윌 비 온 유얼 롸잇

걸어서 10분 정도 걸려요.
It's about a ten-minute walk.
잇츠 어바웃 어 텐 미닛 웍

지금 축제 때문에 도로가 폐쇄됐어요.
The road is closed for the festival now.
더 로드 이즈 클로즈드 포얼 더 페스터벌 나우

• festival 축제

Scene 1

mp3 119

나 **Excuse me. How can I get to London Bridge?**[1]
익쓰큐즈 미. 하우 캔 아이 겟 투 런던 브뤼쥐?

행인 **Walk straight for two blocks and then turn left at the corner.**
웍 스트뤠잇 포얼 투 블락쓰 앤 덴 턴 레프트 앳 더 콜널.

나 **How far is it from here?**
하우 팔 이즈 잇 프럼 히얼?

행인 **It's about a ten-minute walk.**[2]
잇츠 어바웃 어 텐 미닛 웍.

나 **Thank you.**
땡큐.

나 실례합니다. 런던 브리지에 어떻게 가나요? **행인** 두 블록 쭉 걸어가신 다음에 길모퉁이에서 왼쪽으로 꺾으세요. **나** 여기서 얼마나 멀어요? **행인** 걸어서 10분 정도 걸려요. **나** 감사합니다.

1 How can I get to London Bridge?

'~에 어떻게 가나요?'는 How can I get to + 목적지?로 물어볼 수 있습니다. 위치를 물을 때는 간단하게 Where is London Bridge?(런던 브리지는 어디에 있나요?)처럼 말해도 됩니다.

2 It's about a ten-minute walk.

거리가 얼마나 떨어져 있는지 묻는 How far is it from here?이라는 질문에 It's about 500 meters away.(500미터 정도 떨어져 있어요.)처럼 거리로 답할 수도 있지만, 위의 문장처럼 걸리는 시간을 알려 주는 것이 일반적입니다. 여기서 ten-minute은 '10분의'라는 뜻으로 명사 walk(걷기)를 꾸미는 형용사 역할을 합니다. 참고로 '차로 10분 정도 걸려요'라고 할 때는 It's about a ten-minute drive.라고 합니다.

✿ 패턴 연습하기 | 다음을 듣고 따라 말해 보세요.

How can I get to _____? ~에 어떻게 가나요?
하우 캔 아이 겟 투

CN Tower 씨엔 타워
씨엔 타월

the British Museum 대영 박물관
더 브뤼티쉬 뮤지엄

Buckingham Palace 버킹엄 궁전
버킹햄 팰리쓰

the Empire State Building 엠파이어 스테이트 빌딩
디 엠파이얼 스테잇 빌딩

Niagara Falls 나이아가라 폭포
나이애거러 폴즈

the Hollywood Sign 할리우드 사인
더 할리웃 싸인

Scene 2

mp3 120

나 **Excuse me. Is this the right way to Central Park?** [1]
익쓰큐즈 미. 이즈 디쓰 더 롸잇 웨이 투 쎈트뤌 팔크?

행인 **Yes, but the road is closed for the festival now.**
예쓰, 벗 더 로드 이즈 클로즈드 포얼 더 페스터벌 나우.

나 **Then could you tell me another way to Central Park?** [2]
덴 쿠드 유 텔 미 어너덜 웨이 투 쎈트뤌 팔크?

행인 **You can go to Kent Street. Then, turn right, and you'll find it.**
유 캔 고우 투 켄트 스트륏. 덴, 턴 롸잇, 앤 유일 파인드 잇.

나 **Thank you so much.**
땡큐 쏘 머취.

나 실례합니다. 여기가 센트럴 파크로 가는 길 맞나요? 행인 네, 그런데 지금 축제 때문에 도로가 폐쇄됐어요. 나 그럼 센트럴 파크에 가는 다른 길을 알려 주시겠어요? 행인 켄트 거리로 가세요. 그런 다음 오른쪽으로 꺾으면 보게 될 거예요. 나 정말 감사합니다.

---

1 Is this the right way to Central Park?

right은 방향을 나타내는 '오른쪽'이라는 뜻 외에 '맞는, 올바른'이라는 뜻이 있습니다. 그래서 '여기가 ~이 맞나요?'라고 확인할 때 Is this the right ~?으로 물어봅니다. 내가 가고 있는 길이 목적지로 향하는 게 맞는지 알고 싶으면 Is this the right way to + 목적지?를 써서 물어보세요.

2 Could you tell me another way to Central Park?

'tell + 사람 + 목적어'는 '(사람)에게 ~을 알려 주다'라는 뜻입니다. 그래서 '제게 ~을 알려 주시겠어요?'라고 할 때 Could you tell me ~?로 물어볼 수 있습니다. 정중하게 길을 물어볼 때 사용해 보세요.

◎ 패턴 연습하기 | 다음을 듣고 따라 말해 보세요.

Is this the right _____ ? 여기가 ~이 맞나요?
이즈 디쓰 더 롸잇

way to the station 역으로 가는 길
웨이 투 더 스테이션

path to a market 마트로 가는 길
패뜨 투 어 말킷

route to the park 공원으로 가는 길
룻 투 더 팔크

stop for downtown 시내로 가는 정류장
스탑 포얼 다운타운

entrance to the museum 박물관 입구
엔터뤈쓰 투 더 뮤지엄

floor for breakfast 아침 식사가 제공되는 층
플로얼 포얼 브뤡퍼스트

PART 08 문제가 생겼을 때

여행을 하다 보면 물건을 잃어버리거나 아파서 병원에 가야 하는 등 예상치 못한 일이 생길 수 있습니다. 문제가 발생했을 때 어떻게 도움을 요청하고 문제를 해결할 수 있는지 알아봅시다.

 물건 분실 및 도난 시
 다쳤을 때
43 약국이나 병원을 이용할 때
44 예약 시간에 늦었을 때
45 비행기를 못 탔을 때

문제 상황에 흔히 볼 수 있는 영어

병원

응급실

약국
(처방전이 필요한 약을 주로 판매)

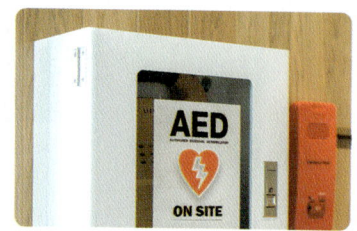
자동 심장 충격기
(심장 정지 시 쓰는 응급 처치 기기)

경찰서

응급 처치

감시 카메라 작동 중

소화기

41 물건 분실 및 도난 시

여행지에서 중요한 물건을 잃어버리거나 도난 사고가 발생하면 매우 당황스럽기 마련입니다. 이때는 먼저 유실물 센터에 가서 내 소지품이 있는지 확인한 다음, 필요하면 경찰이나 대사관에 연락을 취해 보세요.

mp3 121

필수 표현 익히기

lost
로스트
잃어버렸다

stolen
스톨런
도난당한, 도둑맞은

wallet
월릿
지갑

contact
컨택트
연락하다

lost and found
로스트 앤 파운드
유실물 센터

CCTV footage
씨씨티비 푸티쥐
CCTV 영상

police
펄리쓰
경찰

happen
해픈
일어나다, 발생하다

embassy
엠버씨
대사관

 필수 표현 **활용하기**

 제 여권을 잃어버렸어요.

I **lost** my passport.
아이 로스트 마이 패쓰폴트

- lost
  lose(잃어버리다)의 과거형

제 가방을 도난당했어요.

My bag was **stolen**.
마이 백 워즈 스톨런

제 지갑을 택시에 두고 내린 것 같아요.

I think I left my **wallet** in the taxi.
아이 띵크 아이 레프트 마이 월릿 인 더 택씨

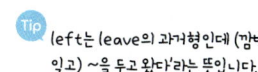

그걸 찾으시면 이 번호로 저한테 연락 주세요.

Please **contact** me at this number when you find it.
플리즈 컨택트 미 앳 디쓰 넘벌 웬 유 파인드 잇

이미 유실물 센터에 확인해 봤어요.

I already checked with **lost and found**.
아이 올뤠디 췍트 위드 로스트 앤 파운드

CCTV 영상을 확인해 주실 수 있나요?

Can you check the **CCTV footage**?
캔 유 췍 더 씨씨티비 푸티쥐

- footage
  (특정 사건을 담은) 영상

경찰에 연락해 주시겠어요?

Could you contact the **police**?
쿠드 유 컨택트 더 펄리쓰

 언제 그 일이 일어났나요?

When did it **happen**?
웬 디드 잇 해픈

한국 대사관에 전화해 보시는 게 좋겠습니다.

You should call the Korean **Embassy**.
유 슈드 콜 더 커뤼언 엠버씨

- Korean Embassy
  한국 대사관

 **Scene 1**

mp3 122

나	**Excuse me. I lost my passport.** [1]

익쓰큐즈 미. 아이 로스트 마이 패쓰폴트.

공항 직원 **Have you been to the lost and found?** [2]

해브 유 빈 투 더 로스트 앤 파운드?

나 **Yes, I already checked with lost and found at the airport,**

예쓰, 아이 올뤠디 췍트 위드 로스트 앤 파운드 앳 디 에얼폴트,

but they haven't found it yet.

벗 데이 해븐트 파운드 잇 옛.

공항 직원 **In that case, you should call the Korean Embassy.**

인 댓 케이쓰, 유 슈드 콜 더 커뤼언 엠버씨.

• in that case 그런 경우라면, 그렇다면

나 실례합니다. 제 여권을 잃어버렸어요. 공항 직원 유실물 센터는 가 보셨나요? 나 네, 공항의 유실물 센터에 이미 확인해 봤는데, 아직 못 찾았대요. 공항 직원 그렇다면 한국 대사관에 전화해 보시는 게 좋겠습니다.

1 I lost my passport.

여행을 하다가 물건을 분실했을 때는 lose(잃어버리다)의 과거형인 lost(잃어버렸다)를 사용해 I lost my + 물건.(제 ~을 잃어버렸어요.)으로 말해 보세요. 물건을 잃어버린 것은 과거에 일어난 일이므로 과거 시제로 말해야 합니다.

2 Have you been to the lost and found?

Have you been to + 장소?는 '~에 가 본 적이 있나요?'라는 뜻으로, 특정 장소에 가 본 경험이 있는지 묻는 표현입니다. 참고로 내가 어떤 장소에 가 본 경험을 말할 때는 I have been to America before.(전에 저는 미국에 가 본 적이 있어요.)처럼 말합니다.

◎ 패턴 연습하기 | 다음을 듣고 따라 말해 보세요.

I lost my _____. 제 ~을 잃어버렸어요.
아이 로스트 마이

phone 휴대폰
폰

umbrella 우산
엄브뤨러

sunglasses 선글라스
썬글래씨즈

bag 가방
백

hotel key 호텔 열쇠
호텔 키

shopping bag 쇼핑백
샤핑 백

boarding pass 탑승권
볼딩 패쓰

credit card 신용카드
크뤠딧 칼드

earphones 이어폰
이얼폰즈

Scene 2

mp3 123

나　Excuse me. I was sitting here, and **my bag was stolen.** [1]
익쓰큐즈 미. 아이 워즈 씨팅 히얼, 앤 마이 백 워즈 스똘른.

카페 직원　Oh, I'm sorry to hear that. When did it happen?
오, 아임 쏘뤼 투 히얼 댓. 웬 디드 잇 해픈?

나　**It happened while I was in the bathroom.** [2]
잇 해픈드 와일 아이 워즈 인 더 배뜨룸.

카페 직원　Let me check the CCTV footage and contact the police if necessary.
렛 미 첵 더 씨씨티뷔 푸티쥐 앤 컨택트 더 펄리쓰 이프 네써쎄뤼.

나　Thank you for your help.
땡큐 포얼 유얼 헬프.

• while ~하는 동안에　necessary 필요한

나 저기요. 제가 여기 앉아 있었는데, 가방을 도난당했어요. 카페 직원 어머, 유감이에요. 언제 그 일이 일어났나요? 나 제가 화장실에 있는 동안 일어났어요. 카페 직원 CCTV 영상을 확인해 보고 필요하면 경찰에 연락하겠습니다. 나 도와주셔서 감사합니다.

1 My bag was stolen.

물건을 도둑맞았을 때는 My + 물건 + was stolen.으로 말해 보세요. stolen은 steal(훔치다, 도둑질하다)의 과거분사형인데 be stolen은 '도둑맞다, 도난당하다'라는 뜻이 됩니다. Someone stole my bag.(누가 내 가방을 훔쳐갔어요.)라고 말해도 좋습니다.

2 It happened while I was in the bathroom.

언제 물건을 도둑맞았는지 상황을 설명할 때 It happened while ~.(동안 일어났어요.)로 말할 수 있습니다. while(~하는 동안) 뒤에는 '내가 ~하고 있는 동안 일어났다'라는 의미로 과거진행형인 'I was + 동사ing' 형태가 올 수 있습니다.

✪ 패턴 연습하기 | 다음을 듣고 따라 말해 보세요.

It happened while I was _____. 제가 ~하는 동안 일어났어요.
잇 해픈드 와일 아이 워즈

ordering food 음식을 주문하는
올더링 푸드

getting coffee 커피를 사는
게팅 커피

looking at a map 지도를 보는
룩킹 앳 어 맵

taking pictures 사진을 찍는
테이킹 픽쳘즈

talking on the phone 통화하는
토킹 온 더 폰

paying at the counter 계산대에서 계산하는
페잉 앳 더 카운털

42 다쳤을 때

여행 중 갑작스러운 사고로 다쳤다면 주위에 도움을 요청하세요. 관광지의 안내 데스크나 호텔 프런트에서 반창고나 연고 같은 응급 처치 용품을 제공하는 경우도 있으니, 급할 때는 문의해 보세요.

mp3 124

필수 표현 익히기

hurt
헐트
다치다

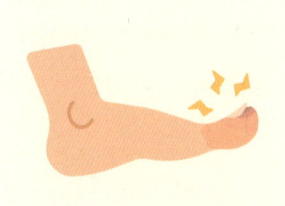
swollen
스월른
부어오른

cut
컷
베인 상처, 베다

fall down
폴 다운
넘어지다, 쓰러지다

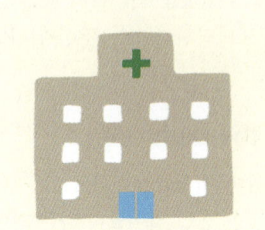
clinic
클리닉
병원

ambulance
앰뷸런쓰
구급차

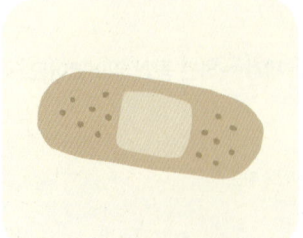
Band-Aid
밴드 에이드
반창고, 밴드

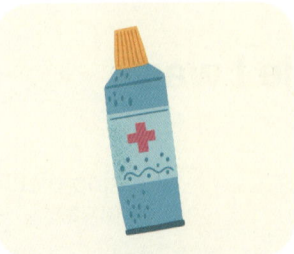
ointment
오인트먼트
연고

see a doctor
씨 어 닥털
병원에 가다

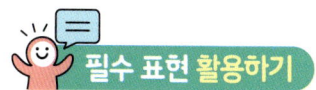
필수 표현 활용하기

제가 발목을 다친 것 같아요.
I think I **hurt** my ankle.
아이 띵크 아이 헐트 마이 앵클

• ankle 발목

발이 부었고 아파요.
My foot is **swollen** and painful.
마이 풋 이즈 스월른 앤 페인플

• painful 아픈, 고통스러운

손가락을 조금 베었어요.
I got a small **cut** on my finger.
아이 갓 어 스몰 컷 온 마이 핑걸

계단에서 넘어졌어요.
I **fell down** the stairs.
아이 펠 다운 더 스테얼즈

• fell fall(넘어지다)의 과거형

이 근처에 병원이 있나요?
Is there a **clinic** nearby?
이즈 데얼 어 클리닉 니얼바이

Tip: clinic은 일반진료나 간단한 치료를 제공하는 '비교적 작은 병원'을 뜻하고, hospital은 입원과 수술이 가능한 '큰 종합 병원'을 말합니다.

절 위해 구급차 좀 불러 주시겠어요?
Could you call an **ambulance** for me?
쿠드 유 콜 언 앰뷸런쓰 포얼 미

반창고가 있나요?
Do you have a **Band-Aid**?
두 유 해브 어 밴드 에이드

Tip: Band-Aid는 원래는 제품 이름이지만, 지금은 '반창고'를 뜻하는 일반 명사로 쓰입니다.

연고 드릴까요?
Would you like some **ointment**?
우드 유 라익 썸 오인트먼트

병원에 가 보셔야 할 것 같아요.
You should **see a doctor**.
유 슈드 씨 어 닥털

mp3 125

나	**Excuse me. I think I hurt my ankle.** [1] 익쓰큐즈 미. 아이 띵크 아이 헐트 마이 앵클. **Can you help me?** 캔 유 헬프 미?
행인	Oh, no. Here, hold my arm. What happened? 오, 노. 히얼, 홀드 마이 암. 왓 해픈드?
나	I fell down the stairs. My ankle is swollen and painful. 아이 펠 다운 더 스테얼즈. 마이 앵클 이즈 스월른 앤 페인플.
행인	**You should see a doctor.** [2] There's a clinic nearby. 유 슈드 씨 어 닥털. 데얼즈 어 클리닉 니얼바이.

• hold 잡다 arm 팔

나 실례합니다. 제가 발목을 다친 것 같은데요. 좀 도와주실 수 있을까요? 행인 오, 이런. 여기요, 제 팔을 잡으세요. 무슨 일이 있었나요?
나 계단에서 넘어졌어요. 발목이 부었고 아파요. 행인 병원에 가 보셔야 할 것 같아요. 이 근처에 병원이 있어요.

1 I think I hurt my ankle.

hurt는 다쳤음을 나타낼 때 사용하는 동사로, 과거형도 현재형과 똑같이 hurt입니다. '~을 다친 것 같아요'라고 내가 다친 곳을 예상해 말할 때 I think I hurt my + 신체 부위.로 말할 수 있습니다. 한편 hurt에는 '아프다'라는 뜻도 있어서 My ankle hurts.라고 하면 '발목이 아파요'라는 뜻이 됩니다.

2 You should see a doctor.

상대방에게 조언할 때 You should + 동사.로 말합니다. see a doctor은 그대로 해석하면 '의사를 보다'라는 의미인데, '진료를 받다, 병원에 가다'라는 뜻으로 사용됩니다. go to the doctor 또는 visit a doctor이라고 표현할 수도 있습니다.

◎ 패턴 연습하기 | 다음을 듣고 따라 말해 보세요.

I think I hurt my _____. 제가 ~을 다친 것 같아요.
아이 띵크 아이 헐트 마이

back 등, 허리 백	toe 발가락 토	wrist 손목 뤼스트
neck 목 넥	hand 손 핸드	knee 무릎 니
finger 손가락 핑걸	foot 발 풋	shoulder 어깨 숄덜

Scene 2

나 **Excuse me. I got a small cut on my finger.** [1]
익쓰큐즈 미. 아이 갓 어 스몰 컷 온 마이 핑걸.

Do you have a Band-Aid? [2]
두 유 해브 어 밴드 에이드?

호텔 직원 **Of course. Here you go. Would you like some ointment as well?**
어브 콜쓰. 히얼 유 고. 우드 유 라익 썸 오인트먼트 애즈 웰?

나 **No, that's okay. Thank you for your help.**
노, 댓츠 오케이. 땡큐 포얼 유얼 헬프.

• as well 또한, 역시

나 실례합니다. 제가 손가락을 조금 베었어요. 반창고가 있나요? 호텔 직원 그럼요. 여기 있습니다. 연고도 드릴까요? 나 아뇨, 괜찮아요. 도와주셔서 감사합니다.

1 I got a small cut on my finger.

상처를 입었거나 아픈 증상이 있을 때 I got + 상처/증상.으로 내 몸 상태를 설명할 수 있습니다. 여기서 cut은 명사로 '베인 상처'를 뜻하는데, got a small cut은 '작은 베인 상처가 생겼다', 즉 '조금 베었다'라는 의미가 됩니다. 참고로 '종이에 베였어요'는 I got a paper cut.이라고 합니다.

2 Do you have a Band-Aid?

상처가 나서 응급 의료용품이 필요할 때는 호텔 프런트에 문의해 보세요. Do you have ~?(~을 가지고 있나요?)를 활용해 반창고(Band-Aid), 연고(ointment), 응급처치 키트(first-aid kit) 등이 있는지 물어볼 수 있습니다.

◎ 패턴 연습하기 | 다음을 듣고 따라 말해 보세요.

I got _____. 제가 ~이 생겼어요.
아이 갓

some bug bites 벌레에게 물린 자국들
썸 벅 바이츠

a bruise on my leg 다리에 멍
어 부르즈 온 마이 렉

a blister on my foot 발에 물집
어 블리스털 온 마이 풋

a rash on my body 몸에 발진
어 래쉬 온 마이 바디

a scratch on my arm 팔에 긁힌 상처
어 스크래취 온 마이 암

a splinter in my palm 손바닥에 가시
어 스플린털 인 마이 팜

43 약국이나 병원을 이용할 때

건강이 뒷받침되어야 여행도 제대로 즐길 수 있습니다. 몸 상태가 좋지 않을 때는 약국이나 병원에 가서 진료를 받아 보세요. 약사나 의사에게 증상을 설명하고 어떻게 도움을 받을 수 있는지 알아봅시다.

mp3 127

필수 표현 익히기

cold
콜드
감기

fever
피벌
열

vomit
바밋
구토하다

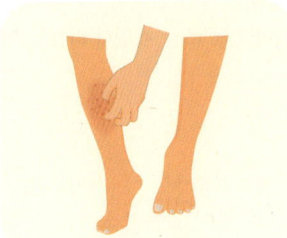
itchy
이취
가려운

take medicine
테익 메디쓴
약을 복용하다

symptom
씸텀
증상, 징후

food poisoning
푸드 포이즈닝
식중독

allergic reaction
얼럴쥑 뤼액션
알레르기 반응

prescription
프뤼스크륍션
처방전

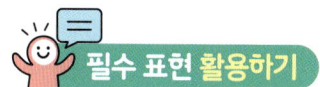

 감기에 걸린 것 같아요.

I think I have a **cold**.
아이 띵크 아이 해브 어 콜드

미열이 있어요.

I have a slight **fever**.
아이 해브 어 슬라잇 피벌

> Tip 아픈 증상을 설명할 때는 have(가지고 있다)를 활용해 보세요.

어제부터 계속 구토를 하고 있어요.

I've been **vomiting** since yesterday.
아이브 빈 바미팅 씬쓰 예스털데이

• have been 동사ing ~해 오고 있다

피부가 붓고 아주 가려워요.

My skin is swelling and really **itchy**.
마이 스킨 이즈 스웰링 앤 륄리 이취

• swell 붓다, 부어오르다

이 약은 어떻게 복용하나요?

How do I **take** this **medicine**?
하우 두 아이 테익 디쓰 메디쓴

 다른 증상도 있나요?

Do you have any other **symptoms**?
두 유 해브 에니 아덜 씸텀즈

식중독인 것 같네요.

It sounds like **food poisoning**.
잇 싸운즈 라익 푸드 포이즈닝

알레르기 반응처럼 보여요.

It looks like an **allergic reaction**.
잇 룩쓰 라익 언 얼럴쥑 뤼액션

> Tip allergic은 형용사로 '알레르기성의'라는 뜻이고, allergy는 명사로 '알레르기'라는 뜻입니다.

그에 대한 처방전을 드릴게요.

I'll give you a **prescription** for that.
아일 기브 유 어 프뤼스크륍션 포얼 댓

 Scene 1

mp3 128

| 나 | **My skin is swelling and really itchy.** [1]
마이 스킨 이즈 스웰링 앤 륄리 이취.

| 약사 | It looks like an allergic reaction. Try applying this cream.
잇 룩쓰 라익 언 얼럴쥑 뤼액션. 트라이 어플라잉 디쓰 크림.

| 나 | Thanks. **Will this help with the swelling?** [2]
땡쓰. 윌 디쓰 헬프 위드 더 스웰링?

| 약사 | Yes, it should start working within an hour.
예쓰, 잇 슈드 스탈트 월킹 위딘 언 아월.

| 나 | I'll put it on right away.
아일 풋 잇 온 롸잇 어웨이.

• **apply** (크림을) 바르다 **work** 효과가 있다, 작용하다 **put on** 바르다

나 피부가 붓고 아주 가려워요. 약사 알레르기 반응처럼 보이네요. 이 크림을 발라 보세요. 나 감사합니다. 이게 붓기에 도움이 될까요? 약사 네, 한 시간 이내에 효과가 나타날 거예요. 나 바로 발라 볼게요.

1 My skin is swelling and really itchy.

몸 상태나 증상을 표현할 때는 신체 + is + 상태.의 형태로 설명할 수도 있고 I have + 증상.으로 말할 수도 있습니다. 예를 들어 '두통이 있어요'는 I have a headache.이라고 합니다.

2 Will this help with the swelling?

약이나 연고를 사기 전, 약효를 확인하고 싶을 때는 Will this help with ~?(이게 ~에 도움이 되나요?)로 물어보세요. 참고로 이 표현은 영양제나 화장품에 어떤 효과가 있는지 물어볼 때도 사용할 수 있습니다. 예를 들어 '이게 탈모에 도움이 되나요?'는 Will this help with hair loss?라고 합니다.

○ **패턴 연습하기** | 다음을 듣고 따라 말해 보세요.

Will this help with [____]? 이게 ~에 도움이 될까요?
윌 디쓰 헬프 위드

the pain 통증
더 페인

my cough 기침
마이 코프

my headache 두통
마이 헤데익

the nausea 메스꺼움
더 노지어

my runny nose 콧물
마이 뤄니 노즈

my stomachache 복통
마이 스터믹에익

the dizziness 현기증
더 디지니쓰

my dry skin 건조한 피부
마이 드라이 스킨

my wrinkles 주름
마이 륑클즈

198

Scene 2

mp3 129

나 Hi. **I've been vomiting since yesterday.** [1]
하이. 아이브 빈 바밋팅 씬쓰 예스털데이.

의사 I see. **Do you have any other symptoms?** [2]
아이 씨. 두유 해브 에니 아덜 씸텀즈?

나 I have a slight fever and some stomach pain.
아이 해브 어 슬라잇 피벌 앤 썸 스터믹 페인.

의사 It sounds like food poisoning. I'll give you a prescription for that.
잇 싸운즈 라익 푸드 포이즈닝. 아일 기브 유 어 프뤼스크립션 포얼 댓.

나 Thank you.
땡큐.

• stomach pain 복통

나 안녕하세요. 어제부터 구토를 하고 있어요. **의사** 그렇군요. 다른 증상도 있나요? **나** 미열이 있고 배가 좀 아파요. **의사** 식중독인 것 같네요. 그에 대한 처방전을 드릴게요. **나** 감사합니다.

---

1 I've been vomiting since yesterday.

I've been + 동사ing.는 '저는 (과거부터 현재까지) ~해 오고 있습니다'를 뜻하는 현재완료 진행형입니다. 몸 상태를 설명할 때는 언제부터 증상이 있었다고 증상이 시작된 시점을 함께 설명할 일이 많은데, 이때는 뒤에 'since + 시작된 과거 시점'을 추가해 말하면 됩니다. 또는 'for + 기간'을 넣어 I've been coughing for three days.(사흘 동안 기침을 하고 있어요.)처럼 말할 수도 있습니다.

2 Do you have any other symptoms?

symptom은 '증상'이라는 뜻입니다. 의사가 Any other signs or issues?(다른 증상이나 문제는 없나요?)라고 물어볼 수도 있습니다.

✪ 패턴 연습하기 | 다음을 듣고 따라 말해 보세요.

I've been ▢ since yesterday. 어제부터 ~하고 있어요.
아이브 빈   씬쓰 예스털데이

sneezing 재채기를 하는
스니징

shivering 오한이 있는
쉬버링

having diarrhea 설사를 하는
해빙 다이어뤼어

having muscle pain 근육통이 있는
해빙 머쓸 페인

feeling dizzy 어지러움을 느끼는
필링 디지

feeling weak and tired 힘이 없고 피곤한
필링 윅 앤 타이얼드

PART 08 문제가 생겼을 때   199

44 예약 시간에 늦었을 때

차가 밀리거나 길을 헤매다가 예약해 둔 식당이나 가게에 늦게 도착할 수도 있습니다. 이 때는 늦은 것에 대해 사과하면서 내 예약이 아직 살아 있는지 확인해 보세요.

mp3 130

필수 표현 익히기

be late for
비 레잇 포얼
~에 늦다

apologize
어팔러좌이즈
사과하다

check-in deadline
첵 인 데드라인
(비행기) 체크인 마감 시간

spa session
스파 쎄션
스파 프로그램

miss *one's* appointment
미쓰 원즈 어포인트먼트
예약을 놓치다

stuck in traffic
스턱 인 트뤠픽
교통 체증에 갇힌

hold the reservation
홀드 더 뤠절베이션
예약을 유지하다

has already passed
해즈 올뤠디 패스트
이미 지나갔다

reschedule
뤼스케쥴
일정을 다시 잡다

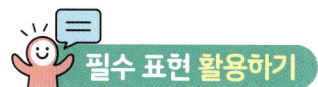 **필수 표현 활용하기**

제가 9시 투어에 늦었어요.
I'm late for the 9:00 a.m. tour.
아임 레잇 포얼 더 나인 에이엠 투얼

늦어서 죄송합니다.
I apologize for being late.
아이 어팔러좌이즈 포얼 비잉 레잇

제가 체크인 마감 시간을 놓쳤나요?
Did I miss the check-in deadline?
디드 아이 미쓰 더 췍 인 데드라인

제 스파 프로그램을 아직 받을 수 있을까요?
Could I still get my spa session?
쿠드 아이 스틸 겟 마이 스파 쎄션

• session (치료, 마사지 등 개인 맞춤 서비스의) 시간, 기간

제 마사지 예약을 놓쳤어요.
I missed my massage appointment.
아이 미쓰트 마이 머싸쥐 어포인트먼트

Tip appointment는 마사지나 스파처럼 사람과 약속한 '예약'을 나타냅니다. 식당처럼 자리를 잡는 '예약'은 reservation이라고 합니다.

차가 막히는데 곧 도착할 거예요.
I'm stuck in traffic, but I'll be there soon.
아임 스턱 인 트뤠픽 벗 아일 비 데얼 쑨

저희는 15분간 예약을 유지해 드려요.
We hold the reservation for 15 minutes.
위 홀드 더 뤠절베이션 포얼 피프틴 미닛츠

예약 시간이 이미 지났습니다.
Your appointment time has already passed.
유얼 어포인트먼트 타임 해즈 올뤠디 패스트

예약 일정을 다시 잡아야 할 수도 있어요.
We may need to reschedule your appointment.
위 메이 니드 투 뤼스케쥴 유얼 어포인트먼트

Scene 1

mp3 131

나 Hi. I had a reservation for 7:00 p.m., but I'm a bit late.
하이. 아이 해드 어 뤠절베이션 포얼 쎄븐 피엠, 벗 아임 어 빗 레잇.
Is the table still available? ¹
이즈 더 테이블 스틸 어베일러블?

식당 직원 We hold the reservation for 15 minutes, so you're good.
위 홀드 더 뤠절베이션 포얼 피프틴 미닛츠, 쏘 유얼 굿.

나 Thanks for waiting, and **I apologize for being late.** ²
땡쓰 포얼 웨이팅, 앤 아이 어팔러좌이즈 포얼 비잉 레잇.

식당 직원 No problem at all. Right this way.
노 프롸블럼 앳 얼. 롸잇 디쓰 웨이.

• a bit 조금

나 안녕하세요. 7시에 예약을 했는데 조금 늦었어요. 아직 자리 이용이 가능할까요? 식당 직원 저희는 15분간 예약을 유지해 드리기 때문에 괜찮습니다. 나 기다려 주셔서 감사드리고, 늦어서 죄송합니다. 식당 직원 전혀 문제없습니다. 이쪽으로 오세요.

1 Is the table still available?

still은 '여전히, 아직도'라는 뜻이고 available은 '이용할 수 있는'이라는 뜻입니다. 잡아 둔 예약이 아직 유효한지 직원에게 물어볼 때 Is ~ still available?로 물어볼 수 있습니다. 쇼핑할 때 어떤 프로모션이 아직 이용 가능한지 물을 때도 활용할 수 있는 표현입니다.

2 I apologize for being late.

정중하게 사과할 때는 동사 apologize(사과하다)를 사용해 보세요. 늦은 것을 사과할 때 I'm sorry for being late.이라고 해도 되지만 I apologize for ~.을 쓰면 I'm sorry for ~.보다 더 격식 있고 정중한 느낌을 줍니다.

○ 패턴 연습하기 | 다음을 듣고 따라 말해 보세요.

Is _____ **still available?** 아직 ~이 이용 가능한가요?
이즈   스틸 어베일러블

my reservation 제 예약
마이 뤠절베이션

the special menu 특별 메뉴
더 스페셜 메뉴

the promotion 그 프로모션
더 프뤄모션

the guided tour 가이드 투어
더 가이디드 투얼

the shuttle bus 셔틀버스
더 셔틀 버쓰

the massage session 마사지 프로그램
더 머싸쥐 쎄션

Scene 2

mp3 132

| 나 | **Excuse me. I'm late for the 9:00 a.m. tour.** [1]
익쓰큐즈 미. 아임 레잇 포얼 더 나인 에이엠 투얼. |

직원   The tour just started. What's your name?
더 투얼 저스트 스탈티드. 왓츠 유얼 네임?

나   It's under the name Minsu. **Can I still join the tour?** [2]
잇츠 언덜 더 네임 민수. 캔 아이 스틸 조인 더 투얼?

직원   Sure. I'll take you to the guide.
슈얼. 아일 테익 유 투 더 가이드.

나   Thank you. I really appreciate it.
땡큐. 아이 륄리 어프뤼쉬에잇 잇.

• appreciate 감사하다

나 실례합니다. 제가 9시 투어에 늦었는데요. 직원 투어는 방금 시작했어요. 성함이 어떻게 되시죠? 나 민수라는 이름으로 예약했어요. 아직 투어에 참여할 수 있을까요? 직원 물론이죠. 제가 가이드 분께 모셔다 드릴게요. 나 감사합니다. 정말이지 감사드려요.

---

1 I'm late for the 9:00 a.m. tour.

be late for은 '~에 늦다'라는 뜻입니다. '제가 ~에 늦었어요'라고 말할 때는 I'm late for ~.이라고 합니다. 참고로 미리 전화를 걸어 '예약 시간에 늦을 것 같아요'라고 알리고 싶을 때는 I'm running late for my reservation.이라고 하면 됩니다.

2 Can I still join the tour?

투어에 늦었을 때 아직 참여할 수 있는지 물어보는 문장입니다. Can I still + 동사?는 '여전히 ~할 수 있나요?'라는 뜻인데, 뒤에 get the table(테이블을 받다), order lunch menu(점심 메뉴를 주문하다) 같은 다양한 표현을 넣어 활용해 보세요.

○ 패턴 연습하기 | 다음을 듣고 따라 말해 보세요.

I'm late for ⬜⬜⬜. 제가 ~에 늦었어요.
아임 레잇 포얼

my connecting flight 환승 항공편
마이 커넥팅 플라잇

my dinner reservation 저녁 식사 예약
마이 디널 뤠절베이션

the train to Paris 파리로 가는 기차
더 트뤠인 투 패뤼쓰

the airport pick-up service 공항 픽업 서비스
디 에얼폴트 픽 업 썰비쓰

the boat tour 보트 투어
더 보트 투얼

the folk village activity 민속촌 체험 활동
더 포크 빌리쥐 액티버티

45 비행기를 못 탔을 때

여행 마지막 날, 시간 계산을 잘못해 귀국 비행기를 놓치거나 기상 악화로 비행기가 결항하는 아찔한 상황이 생길 수도 있습니다. 이럴 때는 항공사 직원에게 상황을 설명하고 적절한 해결 방법을 찾아보세요.

필수 표현 익히기

miss *one's* flight
미쓰 원즈 플라잇
비행기를 놓치다

be canceled
비 캔쓸드
취소되다

next available flight
넥쓰트 어베일러블 플라잇
다음으로 가능한 항공편

hotel voucher
호텔 바우쳘
호텔 투숙권

partner airline
팔트널 에얼라인
제휴 항공사

pay extra
페이 엑쓰트뤄
추가 요금을 내다

rebook
뤼북
재예약하다

lounge pass
라운쥐 패쓰
라운지 이용권

alternative flight
얼털너티브 플라잇
대체 항공편

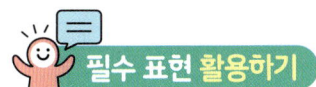
필수 표현 활용하기

인천으로 가는 비행기를 놓쳤어요.
I **missed my flight** to Incheon.
아이 미쓰트 마이 플라잇 투 인천

제 항공편이 태풍으로 취소되었나요?
Was my flight **canceled** because of the typhoon?
워즈 마이 플라잇 캔쓸드 비커즈 어브 더 타이푼

• typhoon 태풍

다음으로 가능한 항공편을 예약할 수 있나요?
Can I book the **next available flight**?
캔 아이 북 더 넥쓰트 어베일러블 플라잇

제가 호텔 투숙권을 받게 되나요?
Will I get a **hotel voucher**?
윌 아이 겟 어 호텔 바우쳘

• voucher 상품권, 교환권

제휴 항공사로 재예약해 줄 수 있나요?
Can you rebook me on a **partner airline**?
캔 유 뤼북 미 온 어 팔트널 에얼라인

> **Tip** 비행기가 결항하면, 비슷한 시간대의 제휴 항공편으로 승객을 재배정해 주는 경우도 있으니 문의해 보세요.

재예약에 대해 추가 요금을 내야 하나요?
Will I have to **pay extra** for rebooking?
윌 아이 해브 투 페이 엑쓰트뤄 포얼 뤼부킹

저희가 다음 항공편으로 재예약해 드릴 수 있어요.
We can **rebook** you on the next flight.
위 캔 뤼북 유 온 더 넥쓰트 플라잇

저희가 라운지 이용권을 제공해 드릴 거예요.
We will provide you with a **lounge pass**.
위 윌 프뤄바이드 유 위드 어 라운쥐 패쓰

• provide A with B
A에게 B를 제공하다

내일 아침 9시에 대체 항공편이 있어요.
There's an **alternative flight** tomorrow morning at 9:00.
데얼즈 언 얼털너티브 플라잇 터마로 모얼닝 앳 나인 어클락

Scene 1

mp3 134

나 Hi. **I missed my flight to Incheon.** ¹
하이. 아이 미쓰트 마이 플라잇 투 인천.

Can I book the next available flight?
캔 아이 북 더 넥쓰트 어베일러블 플라잇?

직원 Let me check. Well, **there's a flight in six hours.** ²
렛 미 첵. 웰, 데얼즈 어 플라잇 인 씩쓰 아월즈.

나 I'd like to book it. Will I have to pay extra for rebooking?
아이드 라익 투 북 잇. 윌 아이 해브 투 페이 엑쓰트뤄 포얼 뤼부킹?

직원 Yes, that will be 100 dollars.
예쓰, 댓 윌 비 원 헌드뤄드 달럴즈.

나 안녕하세요. 제가 인천으로 가는 비행기를 놓쳤는데요. 다음으로 가능한 항공편을 예약할 수 있을까요? **직원** 확인해 보겠습니다. 음, 6시간 후에 항공편이 있네요. **나** 그걸 예약하고 싶어요. 재예약에 대해 추가 요금을 내야 하나요? **직원** 네, 100달러입니다.

---

1 I missed my flight to Incheon.

동사 miss에는 '놓치다'라는 뜻이 있습니다. 비행기, 버스, 기차 등 교통편을 놓쳤을 때 I missed ~.로 '~을 놓쳤어요.'라고 말해 보세요. 교통편뿐만 아니라 예약 시간이나 어떤 기회를 놓쳤을 때도 쓸 수 있는 표현입니다. 예를 들어 호텔에서 I missed breakfast today.라고 하면 '오늘 조식을 놓쳤어요'라는 뜻이 됩니다.

2 There's a flight in six hours.

in은 장소 앞에서는 '~안에'라는 뜻을 나타내지만, 시간 앞에 올 때는 '~후에'라는 의미가 됩니다. 그래서 in six hours는 '6시간 후에'라는 뜻입니다. 마찬가지로 '공연은 30분 후에 시작합니다'를 The show starts in thirty minutes.라고 합니다.

❂ 패턴 연습하기 | 다음을 듣고 따라 말해 보세요.

I missed ☐☐☐. 제가 ~을 놓쳤어요.
아이 미쓰트

the last bus 마지막 버스, 막차
더 래쓰트 버쓰

my spa appointment 스파 예약
마이 스파 어포인트먼트

the train to London 런던행 기차
더 트뤠인 투 런던

my tour reservation 투어 예약
마이 투얼 뤠절베이션

the airport shuttle 공항 셔틀버스
디 에얼포트 셔틀

the sunrise 일출
더 썬롸이즈

Scene 2

mp3 135

나 **Was my flight canceled because of the typhoon?** [1]
워즈 마이 플라잇 캔쓸드 비커즈 어브 더 타이푼?

직원 **Yes, but there's an alternative flight tomorrow morning at 9:00.**
예쓰, 벗 데얼즈 언 얼털너티브 플라잇 터마로 모닝 앳 나인 어클락.

We can rebook you on that.
위 캔 뤼북 유 온 댓.

나 **Thank you. Will I get a hotel voucher?** [2]
땡큐. 윌 아이 겟 어 호텔 바우쳐?

직원 **Of course. Here's a voucher for a nearby hotel.**
어브 콜쓰. 히얼즈 어 바우쳐 포얼 어 니얼바이 호텔.

• **nearby** 근처의

나 제 항공편이 태풍으로 취소되었나요? 직원 네, 하지만 내일 아침 9시에 대체 항공편이 있어요. 그 항공편으로 재예약해 드릴 수 있어요.
나 감사합니다. 제가 호텔 투숙권을 받게 되나요? 직원 물론이죠. 근처 호텔 투숙권 여기 드릴게요.

1 Was my flight canceled because of the typhoon?

태풍(typhoon), 폭설(heavy snow), 강풍(strong winds) 등 예기치 못한 기상 상황으로 비행기가 결항될 수도 있습니다. 이럴 때는 Was my flight canceled because of ~?(제 비행기가 ~때문에 취소되었나요?)를 활용해 결항의 정확한 원인을 확인해 보세요. because of는 '~때문에'라는 뜻입니다.

2 Will I get a hotel voucher?

항공편이 결항되거나 장시간 지연될 경우, 항공사 정책에 따라 호텔 투숙권이나 공항 내 시설 이용권이 제공될 수 있습니다. 지연 및 결항에 따른 보상으로 어떤 서비스를 받을 수 있는지 궁금할 때는 Will I get ~?(제가 ~을 받게 되나요?)으로 물어보세요.

◎ 패턴 연습하기 | 다음을 듣고 따라 말해 보세요.

Will I get _____? 제가 ~을 받게 되나요?
윌 아이 겟

a meal voucher 식사 이용권
어 밀 바우쳐

any compensation 보상금
에니 캄펀쎄이션

a seat upgrade 좌석 업그레이드
어 씻 업그뤠이드

a free rebooking 무료 재예약
어 프뤼 뤼북킹

a seat on the next flight 다음 비행기 좌석
어 씻 온 더 넥쓰트 플라잇

a ticket for another flight 다른 비행기 티켓
어 티킷 포얼 어너덜 플라잇